기술의
불안한
미래

Tegendraads nadenken over Techniek

by Egbert Schuurman

© 2014 by Egbert Schuurman
Original edition published in Dutch as Tegendraads nadenken over Techniek by Uitgeverij
Eburon.

기술의
불안한
미래

엇갈린 전망과 기독교적 대안

에그버트 스휴르만 최용준·손화철 옮김

이 책의 저자 에그버트 스휘르만Egbert Schuurman 박사는 아브라
함 카이퍼Abraham Kuyper에 의해 시작된 신칼뱅주의 전통에 입각한
도예베르트H. Dooyeweerd의 기독교철학(우주론적 관념의 철학)에 가장
충실한 철학자이며, 그 학파에서 가장 활발하게 활동하는 기술철
학자다. 그는 네덜란드의 유서 깊은 델프트Delft공과대학에서 학
부를 마치고 자유대학교 철학부에서 헤이르츠마H. Geertsema, 흐리
피운S. Griffioen, 그리고 나와 같이 철학박사 과정을 시작했다.

우리 넷은 모두 전통적 칼뱅주의 신학을 견지하는 교회 출신으
로 신앙의 색깔이 비슷해서 매우 친하게 교유했다. 그러나 우리
넷 중 유독 스휘르만만 이공계 출신이라서 그런지 항상 모든 관
점에서 주장이 분명하고 확신이 강했다. 같은 델프트공대 출신인
반 리슨H. van Riessen 교수의 수제자로, 두 사람은 서로 사고방식과
삶에 대한 태도가 매우 비슷했다.

스휘르만은 무척 부지런해서 우리 넷 가운데 가장 먼저 기술철
학에 대한 논문으로 박사학위를 받았다. 그는 개혁주의철학회가
파송하는 특임교수로 임명되어 델프트공대, 에인트호번공대 등
여러 대학에서 기독교철학을 강의했다. 또한 기술철학에 대해 매

우 많은 책을 출판했는데, 그 책들은 대부분 영어로 번역되었다.

이 책에서도 볼 수 있듯, 그는 현대 과학기술이 하나님의 창조 세계와 무관하게 자율적 인본주의에 입각해 있으며, 인류에게 공헌한 바가 없지 않으나 심각하게 위험한 요소를 너무 많이 포함하고 있다고 경고한다. 도예베르트의 우주론적 관념의 철학은, 현실은 다양한 양상이 유기적으로 연합되어 있는데, 현대 기술은 너무 강해져서 다른 양상들 위에 군림하는 위치에 서게 되었다고 걱정한다. 과학기술이 삶의 모든 것을 결정하다시피 하는 오늘날, 성경을 하나님 말씀으로 확고하게 믿는 철학자가 그렇게 열심히 그리고 꾸준하게 기술 문제와 씨름하고 있다는 사실은 그 자체로 우리에게 위로가 된다. 그리고 그는 그리스도인이 점점 중요해지고 있는 현대 기술에 대해서 어떻게 생각해야 할 것인가에 대한 좋은 길잡이가 되어준다. 이 책도 그런 안내서 가운데 하나라 할 수 있다.

여러 대학에서 기독교철학을 강의하고 활발한 저술 활동을 하는 중에 그는 군소 기독교 정당들을 대표해 네덜란드 상원의원으로 정치에 입문하게 되었다. 비록 정당의 힘은 크지 않지만, 그의 확신과 논리는 매우 강해 국회에서 중요한 목소리를 낼 수 있었고, 각종 소위원회에서 중요한 기능을 감당했다. 아마 전 세계에서 국회 연설에 '하나님'을 들먹이는 나라는 네덜란드뿐일 것이고, 그것은 주로 스휘르만의 입을 통해서였다. 그는 대학 강의를 계속하면서도 비교적 오랫동안 상원의원으로 활동했다. 이 책에서도 정치의 중요성에 대한 그의 견해가 여기저기 드러난다.

그는 네덜란드에서도 보기 드물게 교회생활에 충실해, 여러 가지 중요한 역할을 수행하느라 누구보다 바쁜데도 불구하고 거의 매 2년마다 장로로 시무했다. 그 나라에서는 장로의 임기가 2년이고 반드시 2년을 쉬어야 다시 장로로 시무할 수 있다. 그와 부인은 선교에도 관심이 커서 인도에도 갔다 왔으며, 손대접하기를 좋아해 나는 말할 것도 없고 이 책을 번역한 두 사람도 그들 사랑의 수혜자다. 그에게는 책을 쓰는 것도 하나님나라를 위한 충성의 중요한 한 부분이다. 독자들도 그의 헌신을 느끼면서 읽는다면 선한 지혜를 얻을 것이라 믿는다.

손봉호(고신대학교 석좌교수, 서울대학교 명예교수)

차례

이 책은 네덜란드의 저명한 기술철학자인 에그버트 스휘르만 교수
님의 마지막 저작을 한글로 옮긴 것이다. 네덜란드어로 출판된 책의
원제목은 《기술에 대한 역발상 Tegendraads nadenken over Techniek》이다.
한글 번역은 킴 바또Kim Bateau의 영역본 《일어나라! 기술에 대한 대
안적 관점Wake up! An Alternative Look at Technology》에 기초하여 전반부
세 장은 필자가, 나머지 세 장은 한동대 손화철 교수가 담당했다.

네덜란드어 원전은 목차가 약간 달라 이 책의 1장이 6장으로 되어
있으나, 기술철학에 대한 전체적인 조망을 먼저 제시하기 위해 영어
판과 한국어판에서는 1장으로 배치했음을 밝혀둔다. 두 역자는 스휘
르만 교수님에게 많은 사랑의 빚을 지고 있다. 필자는 저자에게 박사
학위 논문 지도를 받았고, 손화철 교수 또한 네덜란드에서의 어린 시
절과 벨기에 유학 당시 저자로부터 많은 사랑을 받았다.

바쁘신 중에도 기꺼이 추천사를 써주신, 저자의 절친한 동료 손봉
호 교수님께도 깊이 감사드린다. 이 책이 4차 산업혁명 시대를 살아
가며 현대 기술의 함의에 대해 고민하는 분들에게 조금이나마 도움
이 되길 바란다.

독일 아헨에서, 역자를 대표해 최용준

내 학문의 여정은 공학에서 시작되어 기술에 대한 사유로 이어졌다. 내가 공학자로서 철학을 공부한 데에는 특별한 이유가 있었다. 공학도로서 어떻게 무언가를 만드는지, 즉 어떻게 기술을 하는지를 배웠지만, 우리가 무엇을 위해, 즉 왜 기술을 하는지, 그러니까 기술의 의미와 관련된 물음들은 큰 주목을 받지 못했다. 그러나 바로 그 물음들이 내게 중요했다. **그런 물음을 던지지 않는 공학자가 되는 것으로는 충분치 않다**고 생각했다. 그래서 철학을 공부했고 기독교적 관점에서 기술철학을 발전시켜왔다.

나는 최용준 박사와 손화철 박사가 내 마지막 저서를 한국어로 번역해준 데 깊이 감사드린다. 내 오랜 친구이자 동급생이었던 손봉호 박사의 추천사 역시 내게 큰 영광이다. 그의 추천사가 한국 독자들에게 이 책의 내용에 관심을 갖도록 하리라 기대한다.

이제 서문을 대신해 기술철학에서 핵심적인 세 가지 주제를 짧게 소개하고자 한다.

첫째, 기술에 대해 사유하는 공학자와 철학자들은 **기술의 정신적·역사적 배경**에 주목해야 한다. 이는 기술 사회에서 수많은 문제에 직면하게 된 오늘날 더욱 필수적인 물음이다. 17세기의 학자이자 최초의 기술철학자라 할 수 있는 프랜시스 베이컨은 '새로운 아틀란티스', 즉 '새로운 세상'이라는 제목의 책을 썼다. 어떤 면에서 그는 우리 기술 사회의 미래를 묘사하고 있다. 그러나 그의 서술에 결여된 중요한 한 가지가 있으니, 그의 낙원인 '새로운 아틀란티스'에는 아무런 문제가 없다는 것이다. 모든 문제가 기술로 해결되었기 때문이다. 그는 미래의 공학자는 날씨마저 통제할 것이라고 약속하고 있다. 그의 정신적인 동기는 모든 인간의 문제를 기술로 극복하는 것이다. 지식은 기술적인 힘이다. 인간은 모든 것의 주인이자 통제자다. 이것이 바로 계몽의 정신이다.

둘째, 기술에 대한 사유에서 **기술의 구조에 대한 철학적 분석**이 필요하다. 그 분석에서 가장 핵심적인 부분은, 계몽의 정신이 지배하는 가운데 과학이 갖는 영향력이다. 주인과 통제자로서의 인간은 과학을 기술에 의한 통제의 도구로 사용한다. 그래서 과학의 중요한 특징, 즉 과학의 보편성과 추상성이 기술적인 사물들에 투사된다. 이것은 많은 유익을 가져다주지만, 프랜시스 베이컨의 정신에 따라 불이익은 무시된다. 이것이 바로 계몽주의 정신의 맹점, 즉 초월적인 차원의 결여다. 성경적인 관점에서 이 문제를 해결하기 위해 우리는 다음의 세 가지 측면에 초점을 맞춰야 한다. 하나님의 피조물로서 신적인 기원을 가진 실재, 모든 것의 일관성coherence, 그리고 모든 것의 개별성.

셋째, 기술에 대한 그리고 기술의 책임성을 강조하는 것이다. 기술이 발달할수록 이 책임은 더 커진다. 예를 들어 기후 문제, 환경 문제,

핵에너지, 컴퓨터 사용으로 문화 영역에서 일어나는 거의 불가해한 시스템의 대립, 로봇이 노동에 미치는 영향과 인공지능이 모든 문화 영역에 미치는 영향, 유전자 조작과 연결된 문제 등등을 생각해보라. 컴퓨터, 로봇, 위성을 가진 인간은 점점 더 큰 힘을 갖게 되었지만, 동시에 그 힘의 포로가 되었다.

그래서 **기술의 윤리**라는 주제에 더 큰 관심을 기울여야 한다. 윤리는 동기, 가치, 규범을 다룬다. 이것들에 초점을 맞추기 위해서 나는 "기술을 추구함으로써 우리는 어떤 종류의 패러다임을 추구하는가?" 라는 물음을 던지려 한다.

일반적으로 말해서 나는 계몽주의 정신의 영향 아래서 가장 압도적인 패러다임은 기술의 패러다임이라고 생각한다. 그 패러다임이란 '우리가 만들 수 있는 모든 것은 만들어져야 한다'는 것이고, 간단히 말하자면 기계-모델이다. 기계-모델에서는 환원적이고 모든 것을 평준화시키는 영향력을 갖는 과학의 구조가 지배적이다. 이 패러다임은 살아 있는 모든 것에 대한 위협이다.

기계-모델에 대한 기독교적 관점의 대안으로 나는 '동산의 패러다임'을 제안하고자 한다. 동산의 패러다임이 왜곡된 세상에서 높이 인정을 받아야 한다. 이 패러다임에 따르면, 기술에 있어서도 살아 있는 모든 것, 즉 인간 사회, 모든 인간, 동물, 식물 등이 모두 보호를 받아야 한다. 이와 같은 동산의 윤리는 문화 명령과 연결되어 있고, 기계-모델에 대한 책임 있는 대안이 된다.

아무쪼록 이 책의 독자들이 위협적인 기술 문화에 대항하는 도전적인 기술의 윤리를 더 힘차게 추구하게 되기를 바란다.

에그버트 스휘르만

(기독교철학 석좌교수 및 전 네덜란드 상원의원)

지난 수년간 나는 기술철학에 관해 많은 강의와 저술을 할 수 있는 기회를 가졌다.

이 책의 1장은 네덜란드의 철학 월간지 〈인간과 기술〉(2014. 4.)에 기고한 에세이다. 다음 장들은 여러 대학에서 강의한 것들이다. 2000년부터 시작해 2013년 봄 네덜란드 델프트공대에서 대학 강사들과 학생들에게 강의한 것이 마지막이다. 여기서 나는 우리 문화의 다양한 위기 및 현대 기술의 중심적인 역할에 초점을 맞췄다.

참고로 **기술**technology이라는 용어는 일반적으로 **기술적 이론** technological theory(대학의 한 학문 영역)뿐만 아니라 **기술적 적용**technical applications(가령 로봇)의 의미로도 사용된다. '기술'이란 문자적으로(그리스어로 '예술, 기술'이라는 의미의 technay와 '연설, 이성'을 뜻하는 logos의 합성어) 기술적 적용에 관한 **과학적 연구**scientific study를 뜻한다. '기술적 적용'이란 이런 과학적 연구의 실제적인 결과들이다. 이 강연집에서 나는 '기술'과 '기술적 적용'이라는 용어를 유사어로 사용하며, 예외적으로 '기술'을 대학의 학문 영역으로도 사용하겠다.

이 책의 제목 '일어나라! 기술에 대한 대안적 관점'은 기술적 진보들에 대한 대부분의 긍정적 접근들에 비해 비판적 평가가 매우 필요하다는 나의 확신을 표현한 것이다. 인터넷, 스마트폰, 로봇 등의 영역과 같은 새로운 기술은 흔히 매우 높은 기대, 심지어 그 성공에 대해 구세주적인 기대감을 불러일으킨다. 하지만 현실은 너무나 다르다.

이 책에서 나는 기술적 발전의 기저에 있는 **영적** 동력원driving spirit에 초점을 맞추려고 한다. 이렇게 할 때 우리는 주변에서 실제로 일어나는 일들에 대해서 보다 깊고 넓은 관점을 갖게 될 것이다. 그 후에야 우리는 대안 및 긍정적인 관점을 갖고 미래에 대해 보다 실제적인 희망을 가질 수 있을 것이다.

나는 다른 기술철학자들과 많은 공통점을 갖고 있다. 우리는 동일한 세상에서 살며 같은 문제들에 직면해 있다. 하지만 삶에 대한 우리의 관점은 다르다. 나는 현대 기술을 무작정 거부하는 것이 아니라, 그 기술의 올바른 **가치**를 평가하여 기술 발전에 대한 **책임 있는 관점**을 발전시키기 위해 노력하고자 한다.

이 시간이 매우 중요하며, 지금은 깨어날 때다!

2017년, 네덜란드 브루클린에서

에그버트 스휘르만

1 인간과 기술 도전적인 역사

이 시대만큼 기술 지향적인 시대는 없다. 정보기술, 나노기술, 바이오기술 및 신경기술들이야말로 지금 일어나고 있는 제2차 기술혁명의 원인들이다. 컴퓨터, 로봇 및 사이보그, 즉 인간과 기계의 '융합' 및 유전자 수정 등으로 조작된 유기체들이 매우 급속히 진보하고 있다. 최근 제정된 '철학의 달' 기간 중 네덜란드에서는 이런 현상에 대해 많은 관심을 기울였다. 그러나 놀랍게도, 인간과 기술에 관한 사고에 대한 문화적·역사적 배경에 대해서는 거의 주의를 기울이지 않고 있다. 이 문제들은 너무 일방적으로 철학적 관점에서만 고려되고 평가되었다.

대안적 접근은 '시대를 거스르는' 기독교적 접근으로, 철학적 우주론과 인류학 그리고 윤리학이 필요하다. 이런 접근은 기술과 철학의 관계에 대한 역사를 보다 더 공정하게 다룰 것이며, 인간의 책임을 좀 더 강조하도록 우리에게 도전할 것이다. 기독교 정치에서도 공적 토론의 장에서 특별한 공헌을 할 수 있을 것이다.

도구의 역사

—

인간 문화의 역사 시초부터 인간은 도구들을 사용해왔다. 수없이 긴 기간 동안 인간이 사용하는 도구들에 대한 발전이나 경신은 거의 없었다. 우리는 어떤 목적을 이루기 위해 도구로 사용할 수 있는 기술들을 개발해 자연에 일정한 형상을 부여해왔다.

인간은 도구가 없는 것보다 도구들을 사용해 더 많은 일들을 할 수 있다는 사실은 명백하다. 인간이 할 수 있는 일의 범위와 성취들은 도구들을 얼마나 발전시킬 수 있는가에 비례해 증가한다. 예외가 있기는 하지만, 인간은 도구들을 통해서 특정한 기능들과 기술들을 객관화하거나 응용해 그 범위와 효율성을 강화하고 증가시킨다. 이런 과정을 통해 인간의 부담은 상당히 감소되었다. 그 과정에서 특히 현대 과학 및 기술적 관리와 제어의 영향으로 도구들의 발전은 상당히 가속화되어왔다. 인공두뇌학(기술적 지도에 관한 학문)의 원리에 의해 기계들은 조직하고 시스템을 인도할 수 있는 능력을 갖췄다. 그 결과 우리는 물질 및 에너지 기술의 초보 단계를 넘어 지금은 정보기술 시대에 접어들었다.

이런 기술의 발전을 통해 인간은 실제로 일어나고 있는 현상으로부터 육체적으로는 더욱 멀어지고 있다. 우리의 힘과 능력은 과학기술의 발전에 의해 지배되는 시스템의 초기 발전단계와 연관되어 있다. 심지어 이런 초기 단계에서도 컴퓨터는 인간이 하던 일들을 점점 더 대체하고 있는 것이 분명하다. 우리는 이런 발전의 완전히 새로운 단계에 직면하고 있다.

컴퓨터는 근본적인 동시에 환상적인 기술의 성취다. 지난 40년간 컴퓨터의 발전은 눈이 부실 정도다. 크고 불안하며 값비싼 컴퓨터들로 시작해서 작고 안정적이며 처리 속도가 빠르고 저렴한 컴퓨터들로 발전해왔다. 마이크로컴퓨터들과 마이크로칩들은 기술적 발전을 촉진시켰다. 이런 과정은 퀀텀컴퓨터와 바이오컴퓨터 방향으로 계속 진행되고 있다. 이 모든 것은 기술적 생산 과정의 완전 자동화를 의미한다. 그 과정에서 3D프린터가 등장했다. 이 프린터에 의해 조립 라인이 사라지고 생산은 좀 더 개별화 및 자동화되었다. 원하는 제품의 컴퓨터 모델 제조를 이전보다 더 신속하고 놀랍도록 정확하게 할 수 있도록 만들었다. 3D프린터가 가진 응용 잠재력은 거의 무궁무진하다.

최근의 이런 발전들에 의해 많은 사람들의 기술적인 작업이 대체되었고 모든 종류의 문화적 활동들도 자동화되었다. 이제 우리는 인간의 '감각적'이고 '지적'인 기능들에 대해 다루면서 '인공지능'을 말하고 있다. 산업용 및 비산업용 로봇의 발전과 함께 인간의 기능들을 로봇들에게 이전하는 노력들이 성공적으로 진행되고 있다. 물론 어떤 기능들은 아직 더 적절히 설명되고 형식화되어야 한다.

로봇의 '생각'은 컴퓨터에 의해 이루어진다. 그를 위한 정보의 처리는 단지 소프트웨어 프로그램에서뿐만 아니라 외부적인 요소, 즉 센서에 의해서도 이루어진다. 로봇은 흔히 인공수족을 통해 작동하며, 그 결과 외부 세계에 효과적인 결과를 낳는다. 나아가 로봇은 흔히 자신의 경험을 통해 '배울' 수 있으며 스스로 '개선'할 수 있다.

그런 로봇들은 이미 많은 사람들이 상상했던 판타지 이상의 일들을 할 수 있다. 가령 병원 수술실에서 수술을 돕고, 가정에서 가사를 돌보며, 심지어 군대에서 군인들의 역할을 대체하고, 무인비행기(드론)로도 사용되며, 태양계 혹성들을 탐사하는 데도 이용되고 있다. 로봇들은 파괴된 후쿠시마 원전과 같이 인간이 접근하기에 너무나 위험한 곳을 청소하는 데 배치될 수도 있다.

로봇들은 이제 단지 컴퓨터 프로그램의 지시에 따라 실행하는 '멍청한 기계들'이 아니다. 환경에 따라 적응할 수 있으며 그것들을 통해 학습할 수도 있다. 그들은 자주 원거리에 배치되지만 해당 영역에서 '독립적으로' 필요한 활동을 수행할 수 있다. 이런 기술의 발전을 통해 인간들은 '자연적으로' 할 수 있는 것보다 훨씬 많은 것을 할 수 있다.

폭발적인 기술의 발전

—

1980년 이후 많은 신기술이 나타나 인간과 기술적 적용의 관계가 관심의 중심이 되었다. 개인용 컴퓨터 및 사회적 매체의 진보와 더불어 1980년 이후 우리는 바이오기술, 나노기술 그리고 신경기술의 진보를 목도하고 있다. 이런 기술적 적용들은 점점 더 우리의 일상적 삶의 일부가 되었다. 이것들이 우리의 공적·사적 활동의 중심을 차지하고 있다. 가정, 직장, 운송 분야, 식품 생산, 에너지 및 엔터테인먼트, 여가생활, 교육 등 모든 분야가 하나의 거대한 기술적 네트워크가 되었다. 우리 인간도 이런 현대적 형태의 기술들과 상호 작용하면서 깊은 수준에서 변화를 경험하고 있다(IJsselstein, 2013).

예컨대 앞으로 구글글래스(쓰기만 하면 언제 어디서든 인터넷 및 사이버 공간과 연결되게 해주는 안경)도 상당한 영향을 미칠 것으로 예상된다. 이것은 매우 긍정적일 수 있다. 가령 당신에게 건망증이 있다면, 이 안경은 지인의 생일을 기억하게 해줄 것이다. 이것이 우리의 상호 관계에 어떤 영향을 미칠까? 어떤 사람이 구글글래스를 쓴 채 나를 만난다면, 그가 동시에 나의 과거를 인터넷으로 검색하고 있다고 의심하게 되지는 않을까? 그중에 어떤 정보가 민감한 부분이라면 문제는 복잡해질 수 있다. 우리의 만남이 이런 의식으로 지배되지는 않을까? 진정한 개방이 가능할까? 어쨌든 우리의 인격적 만남이 위험에 처할 수 있으며, 셰리 터클Sherry Turkle이 경고

하듯(2011) 이런 새로운 기술적 적용에 의해 저해될 수도 있다.

인간이라는 **존재 자체**가 기술적 관리 및 통제의 대상이 될 수 있다. 과거에는 그런 관리 및 통제가 우리 삶 외부의 세계와 관련이 있었지만, 오늘날의 신기술은 인간이라는 존재 자체에 목적이 맞추어져 있다. 인간이 물리적으로 기술적 적용과 융합된다면 우리는 소위 사이보그라는 방향으로 가는 것이다. '사이보그cyborg'란 사이버네틱 오가니즘cybernetic organism의 줄임말로, 인간이 기계와 물리적으로 융합되는 것이다. 어쩌면 이것은 (어떤 사람들의 의견에 따르면) 인간과 기계의 구분이 없어지는 결과를 낳을 수도 있다 (Haraway, 1991).

이런 와중에 나노기술, 즉 나노미터(1미터의 10억분의 1) 크기의 입자를 다루는 기술이 등장했다. 나노기술은 물질들을 이렇게 극미한 규모로 조작하는 기술을 말한다. 원자의 집합체들은 같은 물질들의 자연적 집합체지만 (나노 입자들에서는) 전혀 다른 성질을 지닐 수 있다. 이것들은 가끔 훨씬 더 과격하게 반응하는데, 서로 다른 집합체를 구성해 파괴하기도 어려우며 너무 다르므로, 가령 이들이 인간의 신체에 들어갈 경우 어떤 반응을 보일지 알려져 있지 않다. 따라서 나노기술은 물질의 가장 기본적인 수준에서 새로운 인위적 '자연'을 만드는 것을 의미한다. 이것은 새롭고 매우 호의적인 성질이 나타날 것으로 기대할 수도 있지만, (아직 알려지진 않았으나) 인간 및 환경의 생존을 위협할 수도 있다.

나노기술은 DNA 분자들을 조작할 수 있는 기술적 적용이며, 사람들은 살아 있는 세포들도 만들 수 있다고 **생각하기** 때문에 생명 자체에 영향을 미친다. 이것은 유전자기술의 가능성을 증가시켜 DNA의 유전적 재료들을 나눠 다른 종류로 바꿀 수 있다. 나노 크기에서 만들어진 매우 작은 도구(소위 '나노 로봇')가 인체에 삽입되어, 가령 혈액의 수치를 측정하는 작은 실험실 역할을 할 수 있으며, 그 결과에 따라 수정도 가능하다(Oomen, 2010). 나노기술은 소위 **친밀한 기술** intimate technology이라고 불린다. 네덜란드의 라테나우연구소Rathenau Institute가 2014년에 붙인 명칭이다.

심지어 인간의 마음도 나노기술의 영향을 받을 수 있다. 인간의 뇌에 칩을 이식하는 경우를 생각해보자. 그러면 신경세포들이 직접 전극에서 자란다. 이렇게 신경이 이전되는 나노기술, 생명기술, 정보기술 및 신경기술 또는 인식기술이 모이면 새로운 기술적 적용 및 과학들이 생겨난다. 이런 기술들이 점점 늘어나고 있다. 사람들은 "인간이 기계화되고 기계가 인간화된다"고 말한다. "생물학이 기술이 되고 기술이 생물학이 된다"고도 한다. 이것을 소위 **뇌 심부 자극술** deep brain simulation, DBS이라고 한다. 이것은 신경 자극제를 통해 일어나는데, 대부분 전기적 자극을 뇌의 전극에 보내는 쇄골collarbone에서 일어난다. 이런 방식으로 특정한 병리적 신경 행동 유형이 변화될 수 있고(가령 파킨슨병의 경우), 또는 새로운 행동이 자극을 받을 수 있어, 그 사람의 정체성이 바뀔 수도 있다 (Rathenau Institute, 2014).

뇌-컴퓨터 인터페이스brain-computer interface, BCI는 무엇보다도 손상된 청력, 시력 및 운동 능력을 회복시키는 신경-보철neuro-prostheses에 초점을 맞췄다. 뇌의 놀라운 피질 유연성 덕분에 심겨진 보철의 신호들이 뇌에 의해 처리되어 손상되거나 부족한 부분들을 치료하거나 회복시킬 수 있다(Warwick, 2004). 심지어 신체의 신경세포 및 로봇 간의 인터페이스들도 실현되고 있다. 미니 로봇은 이제 더 이상 컴퓨터에 의해 제어되는 것이 아니라 뇌세포들에 의해 직접 제어될 수 있다.

반대 상황에서도 정신-기계의 상호 호환이 가능한 놀라운 사례를 본다. 뉴런과 전극들이 함께 자라며, 칩들이 뇌에 심겨져 외부 신호들에 의해 제어되거나 외부 장치에 의해 읽혀지고, 그 결과 관련된 사람의 행동 및 의도에 영향을 미치도록 원격조종할 수 있다.

신경세포들이 전극들과 함께 자라는 것은 네덜란드의 많은 연구소들이 지금 실행하고 있다. 지금껏 상상할 수 없었던 나노기술의 발전과 극소화로 인해 이런 시스템들을 매우 작게 만들어 결국에는 나노 로봇에 의해 뇌 조직에 이식할 수 있게 될 것이다.

우리는 이 세상에서 이제 막 증가하기 시작한 이런 하이브리드가 앞으로 얼마나 많아질지 상상할 수 없다. 인간의 두뇌와 컴퓨터 및 (원격) 로봇을 결합하는 것은 이제 실험 단계를 벗어나고 있다(De Mul, 2014). 기술적 적용의 사례로 살아 있는 인체에 인공 엉덩이를 이식하는 것보다 더 진보한 사이보그의 시대가 온 것이다.

인간의 두뇌에 기술적 장치를 이식해 기술적 적용과 인간의 정신을 결합하는 잠재적 현실을 보고 있다. 양자는 상호적 관계로, 한쪽이 다른 쪽에게 영향을 줄 수 있다.

사람들은 나노기술이 생물학, 정보통신기술 및 인지과학과 결합해 인간과 기계, 정신과 물질, 죽음과 생명 간의 경계를 넘나드는 미지의 가능성들에 직면하고 있다고 말한다(Oomen, 2010). 따라서 인간의 정체성(전체성 또는 통일성)은 그 어느 때보다도 위협받고 있다.

이런 발전은 윤리적 반성을 요구한다. 이 모든 것이 적법한가? 이것은 불가피하게 인간과 기계의 경계를 허무는 것을 의미한다. 분명한 것은, 이런 식으로 생각하면 기술적 사고가 걷잡을 수 없어지며 물질주의적·기술적 적용의 범주들 내에서만 생각하게 된다는 것이다. 놀랍게도 이런 환원주의가 인지되지 않고 있다.

장애인(청각, 시각, 지체)이나 환자들이 이런 기술적 적용의 도움을 받아 듣고, 보고, 걸을 수 있게 된다는 사실을 부인하는 것이 아니다. 이런 종류의 기술은 진정 삶을 풍요롭게 할 수 있다. 하지만 인간의 삶에서 책임의식이 제거되고, 이런 기술적 적용들이 단지 도구 또는 수단으로만 간주될 경우, 우리가 원치 않게도 인간의 삶을 사실상 빈곤하게 만들고 손상시킬 수도 있다는 것이다.

이런 발전은 사람들로 하여금 인간의 삶이 기술적 적용으로 인해 ('강화'라는 형태로) 개선될 수 있다고 믿게끔 한다. 하지만 우리는 이것이 진정 넘어서는 안 될 규범적 경계들을 넘어버린 것은 아닌지 고려해야만 한다. 우리가 나중에 다루게 될 소위 '트랜스휴머니스트'들은 이런 발전을 찬양하며 인간 역사에 완전히 새로운 장이 열리는 것으로 본다. 케빈 위윅Kevin Warwick 또한 새로운 사이보그 기술이 인간의 진화를 변화시키는 실체를 대변한다고 믿는다(2004).

인간됨과 기술

—

앞서 언급한 바와 같이, 인간과 기술의 관계에 관한 역사적 발전이 철학자들의 관심을 받아왔으며, 가끔 심도 있는 반성의 촉매제로 작용했다는 것은 놀랄 일이 아니다.

지배적인 문화의 사고 흐름은 중세 이후 종교개혁에서 기원하는데, 하나님의 영광을 위해 기술 발전을 환영했으나 이것이 점점 계몽주의 사상에 의해 대체되었다. 인간 존재의 기원과 목적 그리고 미래에 대한 답변을 추구하면서 순수하게 인간의 이성에 근거하게 된 것이다. 그 후 과학 및 기술은 구원의 길로 가는 수단이 되었다(Mutschler, 1999).

이런 문화적 상황에서 새로운 자연관이 출현했다. 자연은 과학적으로 분석 및 계산될 수 있으며 기술적으로 관리 및 제어될 수 있는 힘들의 거대한 심포니로 간주되었다. 시초부터 모든 자연은 하나의 복잡한 기계로, 정확한 과학적 분석 이후 기술에 의해 모방될 수 있고 심지어 개선될 수도 있다고 보았다. 따라서 근대 이후 사람들이 **기계적 세계관**mechanical worldview의 출현에 관해 말하는 것도 놀랄 일이 아니다.

요즈음 우리는 **기술적 세계관**technical worldview을 말하고 있는데, 이는 기술적 적용들이 단지 기계 이상의 암시를 주기 때문이다. 이런 세계관은 모든 것을 (가능한) 기술적 관리 및 제어라는 안경을 통해 본다. 이 틀에서 인간과 기술적 적용 간의 관계에 대한 접근이 이루어진다.

이런 반성의 시작은 17세기로 거슬러올라갈 수 있다. 근대 서양 철학의 아버지 르네 데카르트René Descartes는, 비록 기계 안에서도 인간의 정신에 대한 여지를 허용하기는 했지만, 인간을 기계로 보았다. 이후의 철학자들은 이런 인간의 정신이 존재한다고 보는 생각조차 하나의 사변이라고 비판한다. 18세기에 드 라 메트리De La Mettrie는 인간을 모든 능력을 가진 순수한 **기계**l'homme machine로 간주했다.

컴퓨터과학 및 기술의 등장과 더불어 인간은 정보를 처리하는 시스템으로 간주되었다. 지배적인 기술적 실재관으로부터 이런 결론이 예측되었다. 반대로 컴퓨터에게는 더 많은 인간적 특성들이 부여되었다. 이런 기술적 인간관은 인간과 새로운 기술적 적용이 쉽게 연결되어 새로운 융합인 사이보그를 낳게 될 것이라는 생각을 증진시키고 있다. 인간과 기술의 차이는 이제 사라지게 될 것이다.

이에 대해서는 미국의 철학자 대니얼 데닛Daniel Dennett도 언급하고 있다. "인간과 로봇은 서로 다르지 않다."[1] 데닛은 인간과 로봇 간에 본질적인 차이가 없다고 본다. 그에 의하면, 양심과 같은 모든 인간적 성질이 원칙적으로 로봇에게도 있다. 더 중요한 것은, 데닛이 인간도 실리콘이나 철이 아니라 육체와 혈액으로 만든 '촉촉한 로봇'에 불과하다고 주장한다는 것이다. 그는 인간의 의식도 물리적이고 물질적인 과정의 결과로 본다.

"그러나 데닛 씨, 당신은 우리가 개인으로서 자신을 경험한다고 생각하지 않습니까?" 네덜란드 일간지 〈트라우Trouw〉의 기자가 인터뷰에서 질문했다. 데닛은 "그렇습니다. 하지만 그것은 하나의 이야기일 뿐입니다. 우리는 계속해서 우리 주변의 파편화된 세상으로부터 세상과 우리 자신에 대한 하나의 이야기를 구성하고 있는 것입니다. 이런 경우 임금님은 사실상 벌거벗은 것이 아니며, 옷이 임금님을 가지지 못한 것이지요!" 데닛은 웃으며 대답했다. "사실 그것은 정말 좋은 진술입니다!"

이 인터뷰 내용은 철학자들이 인간과 기술의 관계에 대해 가져온 생각 중 오래된 데카르트적 전통의 정상에 서 있는 학자의 관점이라고 보아야 한다. 이런 전통에 입각한 몇몇 철학자의 입장을 간략히 살펴보자.

기술철학의 역사

에른스트 칸

에른스트 칸 Ernst Kapp 은 기술에 관한 최초의 서양 철학자다. 그의 주저(1877)에서 중심 되는 주장은, 우리가 **인간 자체에 대해 의식하게 되면서** 인간의 발전에 있어서 도구의 중요성에 대해 진정한 통찰력을 발전시켜야 한다는 것이다. 이런 자의식은 인간의 신체적 가능성들에 대해 배우고자 하는 것으로 이해된다. 기술적 적용(도구 제작)에서 인간은 **무의식적으로** 신체기관들의 형태와 기능들을 도구로 전환하려고 한다. 도구에 대한 지식을 통해 인간은 신체에 대해 더 잘 알게 되고, 대부분을 기계로 본다. 칸은 '인간이 된다'는 것은 기계 이상이며 정신은 물질을 초월한다고 인정한다. 따라서 그에 의하면, 어떤 의미에서 인간은 정신 안에 있는 기술적 메커니즘인 것이다.

칸이 의미하는 것에 대해 몇 가지 예를 들어보자. "기술적 적용을 신체기관들의 투사"로 본다. 망치와 핸들은 인간의 주먹과 팔의 연장 및 투사로 인정할 때 이해된다는 것이다. 도끼는 손톱의 투사이며, 드릴은 손톱이 있는 손가락의 투사이고, 줄과 톱은 치아의 투사이며, 집게 한 쌍은 턱의 투사로 본다. 이런 원칙은 또한 더 복잡한 도구들에도 적용된다. 카메라는 눈의 투사로, 눈이 어떤 기계처럼 움직이는가를 가르쳐준다는 것이다. 다리를 건설하는 것도 인간 뼈대의 무의식적인 투사로 보고, 철도망은 인간 혈관의 투사로, 전신망은 신경 시스템의 투사로 보면 문제는 좀 더 복잡해진다.

오늘날에도 우리는 캅의 사고방식을 확장해, 컴퓨터는 인간 두뇌의 무의식적인 투사로서 두뇌가 어떻게 기계적으로 작동하는지 보여준다고 말할 수 있을 것이다. 이런 예를 통해 캅의 철학은 명백히 역사적 의미를 지닌다고 볼 수 있다. 그가 '인간의 정신'에 대해 보여준 관심은 더 이상 유효하지 않다는 생각이 지배적이지만, 우리는 그의 인간 및 기술에 관한 개념이 현대에도 인용되고 있음을 볼 수 있다(Verbeek, 2009).

하지만 나는 캅의 의견에 동의하지 않는다. 왜냐하면 기술은 궁극적으로 어떤 투사이론에 의해서도 설명될 수 없기 때문이다. 나는 기술적 발명들은 하나님의 창조적 환경에서 그분의 통치 및 우주적 법과 관련하여 일어나며, 모든 피조물들은 이에 복종해야 한다고 믿는다.

캅의 이론과 맞지 않는 발명들도 일어날 수 있는데, 가령 원자로가 그렇다. 그러나 흔히 우리는 기술적 발명들이 자연적 예시들에 의해 영감을 받았다고 본다. 천천히 착륙하는 드론들은 가령 물에 떠다니는 해파리를 모방해 발전되었다. 그리고 매우 민첩한 로봇 파이터 비행기 개발자들은 매우 민첩하게 날아다니다 급속도로 솟아오르는 날파리에게서 영감을 받았다고 한다![2]

오스발트 슈펭글러

문화철학자 오스발트 슈펭글러Oswald Spengler는 주저《서구의 몰락Der Untergang des Abendlandes》에 이어《인간과 기술Der Mensch und die Technik》이라는 작은 책도 집필했다(1931). 이 책에서 그는 니체 철학과 같은 맥락에서 인간을 영웅적인 **권력에의 의지**will to power 에 지배받는 약탈자로 보았다. 인간은 기술적 적용에 의해 지배받는다. 인간은 무엇보다 먼저 기술적 존재로 이해되어서는 안 된다. 그러나 이 관점에 따르면, 인간이 기술적 적용에 관여하는 것은 자연과의 투쟁을 보여주며 그 속에서 생존하려는 의지를 나타낸다. 이런 발전의 비극은 인간이 자신의 기술적 성취의 희생물이 된 것이며, 그 기술적 적용과 함께 멸망하는 것이다. 따라서 슈펭글러의 기술 개념은 그의 비관적인 문화관에 적합하다. 그는 우리 문화의 몰락 과정 및 멸망이 기술에 의해 이루어질 것이라고 보았다.

기술에 관한 슈펭글러의 사상에서 영웅적인 면이 현대 철학자들의 지지를 받고 있다. 가령 아르놀트 겔렌Arnold Gehlen은 기술을 논하면서 인간을 '결핍된 존재Mängelwesen'로 보았다(1961). 인간이 자연을 통해 얻지 못하는 것을 (진화의 과정에서) 기술을 통해 공급받아야 한다는 것이다. 슈펭글러의 문화비관주의는 거의 낙관주의에 의해 대체되었다. 나중에 우리는 현대 기술의 적용이 무엇보다 진화의 연속으로 간주되고 평가된다는 점을 보게 될 것이다.

여기서도 나는 이의를 제기한다. 현대 기술에 대한 반성들에서 하나님의 피조물 안에 있는 가능성들을 생각하는 부분이 전혀 없다. 이것은 결국 피조물이 죄에 의해 오염되었으나 그리스도 안에서 의미를 갖는다는 생각이 들어설 여지가 없다는 것이다. 기독교 윤리, 인류학 및 우주론이 아쉽게도 완전히 배제되어 있다.

노버트 위너

컴퓨터의 출현과 함께 정보기술이 시작된 이후 기술에 대한 독창적이고 흥미로운 견해들이 제시되었다. 하나의 예로, 현대 컴퓨터의 아버지 노버트 위너Norbert Wiener가 하나님과 인간 그리고 기계의 관계에 대해 쓴 책《하나님과 골렘God and Golem Inc.》이 있다 (1964).

유대인들의 민속 종교에 의하면 골렘은 **호문쿨루스**homunculus (매우 작은 휴머노이드)로, 프라하의 뢰브라는 랍비에 의해 1580년경에 진흙으로 만들어졌는데, 마술적 주문에 의해 생명체가 될 수 있었다. 위너에 의하면, 현대의 골렘은 특히 스스로 배우고 자신을 재생산할 수 있는 기계로, 문화 발전의 지속적인 과정에서 하나님의 동역자다.

위너가 말하는 것은 모든 종류의 현대적 개념에 영향을 미친다. 그는 컴퓨터의 발전이 창조주, 인간 그리고 기술적 적용 간의 관계에 새로운 빛을 비춘다고 보았다. 그는 하나님의 인간 창조 및 인간의 재생산을 정보과학의 측면에서 보면서 컴퓨터가 무엇을 할 수 있는가에 관심을 갖는다. 새로운 기계들은 스스로 배워 자신을 재생산할 수 있는데, 이것은 위너에 따르면 인류의 창조 및 재생산에 관해 무엇인가 가르쳐준다는 것이다.

이런 과정의 메커니즘은 다른 과정들의 메커니즘에 관해서도 무언가 가르쳐줄 수 있다. 하나님이 인간을 자신의 형상으로 창조하셨고, 인간도 컴퓨터의 기술적 과정을 통해 새로운 인간을 자신의 형상으로 창조할 수 있다는 것이 분명하다고 위너는 보았다. 하나님, 인간 및 기계는 기술적 개념화를 통해 하나의 범주 아래 모인다. 이 말은, 현대 기계에 비춰볼 때, 곧 하나님과 인간은 정보를 처리하고 각자의 방식으로 신호를 보내며, 기계는 그 시점까지 수신한 신호에 전적으로 의존한다는 것이다. 정보이론은 수학적 언어로 이런 과정을 표현한다. 새로운 과학 및 기술은 따라서 창조주 하나님 및 피조물에게도 새로운 빛을 비춘다.

우리가 위너의 사고방식을 따른다면, 여기서 하나님을 매우 복잡한 수학적 형태로 표현되는 정보처리 시스템으로 볼 수밖에 없고, 따라서 인간도 본질적으로는 지구의 물질적 형태를 취하는 수학적 표현이라는 결론에 도달하고 만다. 위너의 관점에서는 (생물적 진화의 후계자로서) 기술적 진화가 우리로 하여금 하나님과 인간을 가장 깊은 수준에서 알게 해주는 것이다. 위너는 여기서 인간이 원숭이로부터 진화했다는 다윈의 이론보다 더 받아들이기 어려운 사상을 주장하고 있음을 스스로 잘 알고 있다.

가장 심도 있는 수준의 분석에 의하면, 성경적 관점에서 볼 때 위너가 하나님의 형상이라고 하는 것은 결국 기술적 개념임을 알 수 있다. 그의 개념은 과학기술적 사고를 통한 사변적 예시다. 그리고 그의 인간관은 모든 면에서 기계화된 정보처리 시스템이라고 할 수 있다. 그 결과 인간은 단지 간단한 **기계장치를 숭배하는 존재**gadget worshippers가 되는 위험에 빠진다. 이렇게 컴퓨터나 로봇, 보철을 숭배하는 것을 피하기 위해, 그리고 기계가 인간을 지배하는 것을 방지하기 위해 위너는 (다행히도 그의 전제들과는 달리) 인간을 **응답하고 책임지는 존재**responsible beings로 본다. "공학기술이 점점 더 인간의 목적을 구현할 수 있음에 따라 그것이 인간의 목적을 더 잘 형성할 수 있어야 한다."[3] 이것이 위너가 '인간의 가치에 따라' 기계가 행동하는, 인간과 기계의 공존(사이보그)을 주장하는 이유다.

그의 철학을 통해 위너는 과학기술적 사고가 지배적이 되도록 문을 넓게 열었다. 그는 그의 사상을 출범시켰고 문제들을 인식했으며, 이는 컴퓨터의 가능성들과 관련해 인간과 기술의 관계와 관련된 토론의 주제로 남아 있다.

위너 이후 사람들은 그의 발자취를 따르고 있다. 그러나 현대 사상가들은 더 이상 위너가 주장하는, 단지 정보를 생산하는 저급화된 신을 신봉하지 않는다. 인간과 기술에 관한 현대의 토론은, 많은 사람들에 의하면, 기술적 범주 안에서만 적절히 이해될 수 있는, 전적으로 폐쇄된 물질적 실체 내에서 일어나고 있다. 하나님의 형상으로 창조된 인간은 따라서 점점 더 제어 가능한 기술적 실체의 영혼 없는 한 부분으로 환원되고 있는 것이다(Schwaab,

2010).

위너의 사상은 오늘날까지도 인간과 기계의 관계에 관한 토론에서 지속적인 하나의 자극이 되고 있다. 인간은 기계화되었고(데카르트 이후) 기계는 점점 더 '인간'으로 간주되고 있다.

나는 이것이 매우 위험한 발전이라고 본다. 가령 최근에 네덜란드의 일간지 〈NRC〉에서 "컴퓨터는 '아니요'라고 말한다"[4]는 제목의 논설을 읽었다. 이 글은 컴퓨터가 불법 난민이 네덜란드에 머물 수 있는가 없는가에 대한 결정을 어떻게 내리는지, 그 과정을 묘사하고 있다. 여기서 인간의 책임은 컴퓨터로 이전되었고, 인간의 권리는 기계적 모델의 결론에 의해 희생되고 있다. 따라서 우리는 기술적 적용이 인간의 책임 아래 머물도록 해야 한다. 이것은 우리가 미래의 기술적 적용에 대해 반성할 때 더욱 분명해질 것이다.

카를 슈타인부흐

독일의 철학자이자 엔지니어 카를 슈타인부흐Karl Steinbuch는 컴퓨터와 로봇이 인간보다 훨씬 우월할 수 있을 것이라고 기대했다(1965). 정보이론 및 컴퓨터공학의 도움으로 인간의 정신에 대한 완전히 합리적인 분석이 가능하다고 본 것이다. 정신 기능들은 등록, 프로세싱, 보존 및 재생, 소통 정보를 포함한다. 따라서 그는 **원칙적으로** 인간의 정체성을 정보를 처리하는 기계라고 주장한다. 그는 신경체계의 유기적 물질 및 두뇌가 컴퓨터를 구성하는 물질과 다르다는 사실을 경시한다. 그는 현재까지 이 물질적 차이 때문에 인간이 기계보다 우월했지만 미래에는 이런 관점이 변할 것이라고 보았다.

슈타인부흐가 원칙적으로 인간과 기계를 동일시하는 이유는 인간과 컴퓨터가 동일한 정보처리 구조를 가지고 있다고 확신하기 때문이다. 양자가 원칙적으로 동일한 구조를 갖는 것은 인간의 영적인 기능들에도 설명할 수 없는 '남은 부분'이 없기 때문이다. 그에게 인간의 지성에 '비밀'이란 없다. 그가 보기에 물질과 지성의 연결에 관한 질문은 무의미하다. 감정, 공포, 근심 등의 심리적 개념들은 인간의 복잡한 구조 때문에 정당화되며 결국 물질적 개념으로 환원될 수 있다고 본다. 집합적이고 묘사 가능한 특징들이 인간과 기계 모두에서 동일시될 수 있으므로, 인간에게 있는 사고, 지성, 학습, 반성, 예측, 창조성, 시를 쓸 수 있는 능력, 의식 등을 기계에도 적용하는 것이 정당하다는 것이다.

그가 책을 썼을 때(1965), 두뇌의 모든 물리적 관계가 알려진 것은 아님을 인정했지만, 그래도 지속적인 연구를 통해 이 부분도 알 수 있게 될 것이라고 확신했다. 기계도 구조와 복잡성 면에서 인간의 신경체계보다 열등하지 않으며 자동적으로 의식을 갖게 될 것으로 보았다.

그에 따르면, 미래의 기계들은 자유롭게 소통할 수 있으며 학습도 할 수 있어 기계가 인간의 진화를 추월할 것이다. 인간의 '자유'는 따라서 단지 **겉으로만 나타나는** 문제일 뿐이다. 그는 이런 놀라운 발전들에 대해 부적절한 이념들, 편견들 그리고 교리들, 특히 초월적 실재 및 현상계 배후의 세계에 의존하는 사람들 때문에 인간 자신이 저항하므로 많은 문제들이 아직 해결되어야 한다고 보았다. "하지만 그런 세계의 하나님은 죽었다"고 그는 썼다 (1968, p.50).

그러나 여기서 우리는 그가 기술적 이념에 근거한 자신의 전제를 망각하고 있음을 볼 수 있다. 그는 매우 강력한 기술에 대한 '신자'의 예다. 인간과 기계에 대해 반성하는 사상가들 중 그와 같은 생각을 가진 사람들이 많다. 인간과 넓은 의미의 기계에 관한 논의에서 슈타인부흐로부터 도출된 개념들이 더 확장되고 있다. 과학기술적 인간관 및 과학기술적 사고에 대한 과대평가(절대화는 아니겠지만)가 이런 흐름의 명백한 배경이다.

현대 기술철학자들

우리가 지금까지 살펴본 철학자들은 주로 기술적 사고를 통해 물질적 실재관을 공통적으로 갖고 있으면서 인간을 기계로 보고 미래 컴퓨터에 대해 대단한 기대를 하고 있다. 이런 철학자들은 시대 흐름을 따라가며 이와 관련된 특정한 이념들을 강화한다. 특히 철학자 니체가 말한 '권력에의 의지' 및 '초인' 사상에 의해 자극받고 있다.

그들은 또한 공통적으로 악의 존재에 관해 특별한 관심을 갖고 있지 않다. 악이 인간의 역사에서 특별한 역할을 했지만 많은 사람들은 기술적 적용을 통해 악의 문제도 극복할 수 있다고 확신한다. 하지만 역사는 우리에게 기술의 사용에 있어 독재 가능성을 인식하도록 가르친다. 가령 환경파괴, 기후변화, 핵무기 및 자연재해 등을 보면 기술적 적용으로 인해 생겨난 문제들이 얼마나 치명적인지를 알 수 있다.

이제 소위 트랜스휴머니스트인 슬로터다이크 및 네덜란드 사상가 데 뮐, 페르베이크의 사상을 살펴보자.

페터 슬로터다이크

1999년 독일의 철학자 페터 슬로터다이크Peter Sloterdijk 는《인간 동물원 규정 Rules for the Human Zoo》이라는 책을 출판해 큰 관심을 불러일으켰다. 그에 의하면, 많은 사람들이 동물의 후예처럼 인간의 전통에 따라가고 있으며 많은 면에서 길들여져야 한다. 그러나 "누가 인간을 길들일 수 있는가? 만약 인본주의가 그렇게 할 수 있다면, 그것이 실패할 경우 어떻게 할 것인가?"라고 질문한다. 그는 인본주의란 지배적인 철학적 흐름으로 윤리를 기술적 적용의 한계로 받아들이는 사상이라고 보았다. 그는 이 철학은 죽었으므로 장례를 지내야 하는데, 그 이유는 과학과 기술의 새로운 발전에 대한 답이 없기 때문이라고 주장한다.

그에 의하면, 인간의 생명을 수정하는 유전학 및 기술적 적용,

관리 및 제어 기술의 발전은 다른 접근을 요구한다. 슬로터다이크는 인간의 형성 및 **교육**Bildung을 더 이상 인간의 개선을 주도하는 계몽주의적 전통에서 보지 않고, 오히려 기술에 의한 인간의 변화를 추구한다. 여기서 그는 니체가 약 한 세기 전에 주장했던 **초인**Übermensch 사상으로 거슬러올라간다. "우리의 사명은 인간을 길들이는 것이 아니라 배양하는 것이다." 이를 위해 사용해야 하는 기준은 철학자들로 구성된 특별한 엘리트에 의해 정의될 것이라고 그는 주장한다. 이런 제안을 함으로써 그는 한때 한숨을 쉬면서 "모든 철학자들이 왕이고 왕들이 모두 철학자라면 얼마나 좋을까?"라고 말했던 고대 그리스 철학자 플라톤을 따르고 있다. 슬로터다이크는 철학자 왕의 이상화된 형상이 없다면 다른 인간에 의해 인간을 돌보는 것은 아마도 열정적인 노력이긴 하지만 결국 무용지물이 될 것이라고 믿는다. 그러나 철학자들은 '최선에 대한 천상의 비전을 기억해 가장 현실적이고 적극적'이다.

슬로터다이크는 현대 기술에 의해 인간을 개선하려고 한다. 그는 단번에 하나님이나 우연에 호소하는 것을 제거한다. 인간은 스스로 권력을 행동으로 행사해야 한다. "인간은 인간을 최고의 권력으로 만든다." 이것은 니체도 염두에 두었던 것이다. 슬로터다이크에 의하면, 이 시대에는 **정치적** 결정들이 인류의 미래를 좌우한다. "인류는 탄생의 체념론에서 선택에 의한 탄생 및 탄생적 선택으로의 변화를 만들 수 있을까?" 어쨌든, 철학자들은 인류를 개선하기 위한 기술적 방식들에 관한 윤리적 코덱스를 형성해야 할 것이다. 그리고 '충실한 인류학적 기술적 적용들'은 인간 배양을 개선하기 전에 '적응하지 못하는 특징들'을 제거하는 것부터 시작해야 한다.

프랑스 철학자 브뤼노 라투어Bruno Latour가 그를 환영하며 부르듯 슬로터다이크는 '새로운 니체'다. 신은 죽었으며 무법lawlessness 및 **모든 가치의 전도**Umwertung aller Werte를 주장한 니체의 사상은 이제 새로운 유전자기술 및 인류학적 기술의 진흥이라는 옷을 입고 다시 등장했다.

슬로터다이크는 초인문주의자super-humanist다! 그에게서 우리는 기독교에서 더욱 멀어진 과격한 인본주의를 본다. 그의 에세이에 대해 수많은 비판과 항의의 글이 쏟아져나왔다. 중요한 비판은, 그가《인간 동물원 규정》에서 우생학을 실천해 수백만 명의 유대인을 학살했던 독일 히틀러로부터 교훈을 얻지 못했다는 것이다. 나아가 엘리트가 '인간 동물원'의 규칙을 세워야 한다는 생각은, 그가 얼마나 비민주적인 방향으로 가고 있으며, 독재적이고 자유롭지 못한 과거의 망령들을 일깨우고 있는지를 보여준다.

그를 비판하는 사람들은 자유, 양심, 민주주의 그리고 품위 있는 윤리를 주장한다(Habermas, 2003). 그들은 슬로터다이크가 인간의 가치들을 평가절하하며 심지어 없애려 한다고 본다. 인간은 그가 말한 인류학적 기술에 의해 완전한 기술적 관리 및 제어의 대상이 되었다. 이런 생각은 심지어 인간과 기술을 융합하는 개념으로 나아가고 있다.

슬로터다이크는 윤리와 기술의 근본적이고 뜨거운 이슈에 대해 활발한 토론을 촉발시켰다. 지금까지는 기독교와 고전적인 인본주의의 영향으로 윤리학이 기술의 방향을 정의해야 한다고 보았지만, 슬로터다이크와 그의 추종자들은 기술 자체가 윤리의 **규범**이 되었다고 주장한다. 나아가 기술적 가능성들을 분명히 과대평가하고 있다. 그는 의식을 가진 인공두뇌 기계를 보기 원하는 사상가들이 그의 전제와 같은 선상에 있다고 동의한다. 그에게 있어 인간은 개선될 수 있는 기계인 것이다.

트랜스휴머니스트

소위 트랜스휴머니스트들의 사고는 이런 방향으로 더 나아간다. 그들은 인간이 이제 진화하는 배의 선장이 된 후기 다윈주의 시대로 접어들었다고 주장한다. 그들은 보통 고전적인 인본주의를 주장하지만 가장 먼 한계를 개척하며, 그것을 심지어 넘어서려고 한다.

아르놀트 겔렌의 영감을 받아(1961), 트랜스휴머니스트들은 인간의 한계를 넘어서고 부족한 부분들을 보충하고자 한다. 그들은 인간이 스스로 육체적으로 개선해야 하며, 컴퓨터 및 소프트웨어를 위한 언어와 유사하게 나노기술 및 유전자 조작 그리고 컴퓨터기술을 인간의 신체에 접목시켜 자신을 업그레이드해야 한다고 주장한다. 나아가 계속해서 **모든** 질병을 박멸하고, 세상의 굶주린 사람들을 먹이며, 태양계를 정복하는 새로운 기술적 적용을 꿈꾸고, 그 실현을 위해 노력한다. 유토피아가 눈앞에 있다!

디아만디스Diamandis에 따르면(2012), 나노기술은 지구상에 있는 모든 사람들에게 풍성한 물과 지하자원 및 에너지를 공급함으로써 미래를 보장할 것이다. 우리가 공상과학영화에서 보는 장면들이 트랜스휴머니스트들에게는 진정한 현실이다(Cusveller 외, 2003). 아마도 어느 날 우리 뇌에 기억된 내용들이 다운로드되어 영원불멸할 수도 있을 것이다(Kurzweil, 2013). 아니면 노화 과정을 정복하는 컴퓨터 소프트웨어로 우리의 두뇌를 업그레이드해, 나노기술에 의해서 영원불멸이 실현될지도 모른다(Drexler, 2013). 트랜스휴머니스트들은 **업로딩**uploading을 통해 조만간 인간의 의식(지성)도 소프트웨어로 파악할 수 있을 것이라고 믿는다. 이 **소프트웨어**를 다른 곳, 가령 두뇌의 모든 기능들을 복제할 수 있는 매우 진보된 컴퓨터와 같이 '더 나은' 곳으로 이전하는 것도 가능할 것이다. 이것은 인간을 가상세계로 업로드하는 것이며, 이는 인터넷 사용자들이 웹사이트에 홈페이지를 업로드하는 것과 같다.

트랜스휴머니스트들의 주된 관심은 따라서 인간이 기술적 적용과 융합되는 것이다. 조만간 우리는 우리 신경체계의 기술적 확장을 통해 모두 인터넷과 즉시 연결될 것이며, 또한 서로 연결될 것이다. 가령 이것은 뇌에 심겨진 마이크로칩을 통해 가능할 것이다. 결국 우리는 우리의 지성을 확장해 초인적인 능력을 갖게 될 것이며, 이런 새로운 가능성을 통해 우리는 전 세계를 지배하며 그것을 우리의 특정한 규정에 따라 재구성하게 될 것이다. 요컨대 우리는 과거에 '신'이라고 불리던 것들과 더 이상 구별되지 않을 것이다(Chorost, 2011). 이는 '초인'과 같은 종류에 의해 **우주를 식민지화**하는 사상과 같다.

네덜란드 사상가들

이제 우리는 지금까지 논의한 주제와 관련해 두 명의 네덜란드 사상가를 살펴보려고 한다. 로테르담의 에라스무스대학교에서 철학적 인류학을 가르치는 요스 데 뮐Jos de Mul과 트벤테대학의 페터-파울 페르베이크Peter-Paul Verbeek 교수다. 둘 다 철학적 인류학자로 최근 기술의 발전에 대해 중요한 공헌을 해왔으며, 매우 참여적이고 도전적인 방식으로 토론하고 있다.

요스 데 뮐

최근 정보통신기술철학 영역에서 일어나고 있는 일들에 대해 알기를 원한다면 요스 데 뮐에게 귀를 기울여야 할 것이다(2002, 2014). 그는 여러 출판물을 통해 매우 흥미로운 방식으로 모든 기술적 발전에 대해 묘사하고 있다. 그의 가정은 정보통신기술의 등장과 함께 새로운 **인류의 진화**가 시작되었다는 것이다.

이와 관련해 2002년 출판한 그의 책 마지막 페이지에서 그는 다음과 같은 결론을 내렸다. "나노기술, 생명기술, 인공지능 및 인공생명 등 새로운 학문들의 발전 및 협력은 여전히 인간의 광채에 둘러싸여 있으며, 이들의 의제는 결국, 의도하든 의도하지 않든 후기 인간 생명체의 창조를 목표로 하고 있다." 그 결과 그는 자신의 **사이버공간 오디세이**를 만들어 기술적 적용들을 진화의 연장으로 보고, **기술적** 사고를 탁월한 지위로 높여 인간을 **초인**으로 가는 여정에 있는 존재로 본다.

이런 초인은 세계의 두뇌와 계속해서 기술적으로 연결되어, 결국 세상의 모든 지식이 융합될 것이다. 현재 우리의 관점에서 초인은 파악할 수 없는 성격으로 인해 예측이 불가능하다.

데 뮐은 나아가 최근에 출판한 책《자연에 의한 인공*Kunstmatig van Nature*》(2014)에서 이런 사상들을 더 자세히 설명하고 있다. 정보기술, 나노기술 그리고 이들의 상호관계를 다루면서 그는 현대 인류인 **호모 사피엔스 2.0**이 어떻게 **호모 사피엔스 3.0**으로 발전하는지 보여준다. 후자는 안드로이드 로봇이며, 새로운 기술에 의한 인간 진화의 새로운 과정을 상징한다. 새로운 기술에 의해 인류는 개선, 변화될 수 있으며 마침내 대체될 수 있다. 기술적으로 매우 복잡한 로봇들이 새로운 인간이 될 것이다. 이 새로운 인류는 원래 인공적이지만 이전의 인류도 사실 그러했다. 내적으로 이전된 것이 인간의 한 부분으로 결국 개방될 것이다.

명백한 것은, 데 뮐의 사고는 **기술적** 사고라는 점이다. 그는 인간이 항상 기술적으로 적극적이었다고 말하지는 않으며, 이는 역사적으로도 사실 그렇다. 데 뮐에 따르면, 인간의 **구조**가 사실상 기술적이며 따라서 새로운 진화적 단계로 이어질 수 있다. 따라서 그는 자신의 개념들을 호모 사피엔스 3.0이 (후기 인간 지성으로) 더 나은 발전을 향해 지구를 떠나기로 선택할 것이라고 기대하는 사상가들과 연계시킨다. 그리고 미래의 로봇이 인공두뇌 덕분에 의식과 감정의 형태를 가질 것이며 자유의지도 발전시킬 것으로 본다(2014, p.168).

내가 언급한 책들은 매우 재미있는 방식으로 저술되었다. 기술적 발전과 관련해 박학한 지식으로 데 뮐은 (자신이 묘사하듯) **사변적 인류학**을 추구한다. 이런 방법으로 그는 제어되지 않은 상상력의 문을 열어 그늘에 있는 사실들을 명백히 분석한다. 그리하여 그의 책들은 보다 초현실적이고 실제적인 비전을 제시한다.

그의 두 번째 책 서문은 특별히 이런 경향의 한계를 뛰어넘고 있다. 여기서 그는 단지 공상과학소설을 쓰고 있다. 그는 인간이 인간 로봇과 결혼할 수 있을 것이며, 그런 로봇은 하원의원에 출마할 수 있고, 로봇의 권리도 입법화될 것이라고 예언했다.

그의 판타지가 더 심화되면서 그가 무엇보다 그리스도인들이 자신의 생각들을 반대한다고 언급한 것은 매우 주목할 만하다. 비록 그는 인간 의식 및 지성의 신비를 위한 여지를 남겨놓고 있기는 하지만, 미래를 위한 그의 기술적 사고에는 어떤 제한도 두지 않으며 기술적 가능성 자체도 마찬가지다. 이것은 그가 현실 전체를 추상적이고 기술적이며 과학적이고 물질적인 실제로 환원시켜 그것을 꿈꾸기 때문이다.

데 뮐의 결론은 사실 그리스도인들의 명백한 비판을 피할 수 없다. 이 세상을 하나님의 창조물로 보며, 인간에 의해 손상되었으나 그리스도 안에 계신 하나님을 통해 다시 소망이 주어진 세상으로 보는 그리스도인들에게는, 기술에 대한 인간의 책임이 가장 중요하다. 그렇다고 해서 그리스도인들이 모든 놀라운 기술적 발전을 거부한다는 말은 아니며, 그런 기술이 계속해서 인류와 사회 전체에 봉사해야 함을 강조하는 것이다. 물론 그가 가능한 위험성 및 불확실성들을 언급하긴 하지만, 위와 같은 규범적인 접근은 데 뮐에게서 전혀 보이지 않는다. 동시에 그는 새로운 기술이란 인간이 더 높은 수준으로 진화하기 위한 과정에서 당연한 것으로 본다.

그러나 가령 미래의 로봇이 프랑켄슈타인 같은 괴물일 경우, 이런 전 과정에서 악한 결과를 방지하기 위해 우리가 해야 할 일은 무엇인가? 우리가 규범적으로 평가하지 않고 필요할 때 새로운 기술에 대해 한계를 정하지 않을 경우 이런 사태가 분명히 올 수 있다. 우리는 가령 자연재해에 취약한 원자력발전소(후쿠시마)의 경우와 같이, 현대의 기술적 적용들이 내포하고 있는 매우 위험하고 종말론적인 효과들의 충격적인 사례들을 볼 수 있다.

물론 데 뮐도 그가 예견하는 기술적 진화의 결과들에 대해 단지 낙관적이지만은 않다. 그는 인간이 디지털식 **생존경쟁**에서 살아남을 자신의 진화적 후손들(더 뛰어난 로봇들)을 창조하도록 운명지어진 최초의 생명체라고 믿는다. 그러나 그의 관점에서 **초인**은 현대 인간의 성취인 동시에 동일하게 위협이 될 수도 있다. 새로운 종류의 인간이 탄생하는 것은 단지 옛 인간의 종말만을 의미하는 것이 아니다. 이런 시나리오는 인류의 영광이 될 수도 있고, 비극이 될 수도 있다. 최악의 경우, 가능한 진화적 후손들이 인류를 멸종시킬 수도 있다(2014).

페터-파울 페르베이크

페르베이크는 보다 절제된 접근을 통해 데 밀의 저작들과는 다른 방식으로 말한다(2009, 2014). 그는 특별히 새로운 기술과 관련해 새로운 윤리적 틀이 필요하다고 강조한다. 그에 따르면, 현대인은 **기술적으로 조건 지어진 존재다.** 고전적인 철학적 인류학에서 인간의 몸은 인간과 기술적 적용들 간에 매우 자연적인 경계로 기능했다. 이제 이 경계는 명백히 새로운 인류학적 기술로 인해 덜 명확해졌다. 페르베이크는 이런 기술적 적용이 육체적 기능을 투사하거나 보충하는 것이 아니라 오히려 새로운 몸으로 융합하는 것으로 본다.

그는 기술윤리가 기술적 가능성들에 좀 더 책임 있는 방식으로 대응할 수 있는 여지를 만들어준다고 강조한다. 선악에 대한 오래된 윤리적 접근이 새로운 인류학적 기술을 평가하는 데 더 이상 적절하지 않다는 것이다. 인간과 기술의 경계를 유지하고 보호하는 대신 윤리학은 이제 양자의 **책임 있는** 융합의 길을 찾아야 한다. 기술과 도덕성은 함께 나아가야 한다는 것이다(2014).

여기서 그는 소위 **감독적인 윤리학**supervisory ethics이라고 하는 보다 실용적인 접근을 주장하는 것으로 보인다. 이는 매우 기술적으로 들리며 새로운 기술에 너무 적응하는 것처럼, 아니면 인간과 기술적 적용 간의 관계를 부드럽게 하는 것으로 보인다. 그는 이전에 우리가 (계몽주의를 통해) 윤리의 기원을 하나님으로부터 인간에게로 옮겼다고 말한다. 그리고 이제는 윤리학을 **인간으로부터 기술적인 것으로** 이전할 때라는 것이다. 그는 "기술은 우리의 도덕성을 중개한다"고 말한다(2014, p.14). 기술적인 것들은 우리와 함께 도덕성을 형성하는 의미에서 도덕적인 공동체에 속한다. 그에게 있어 기술적인 적용들은 도덕적으로 충전된다(2014, p.54).

그가 도덕적이고 기술적인 행위자에 대해 말하지는 않지만, 그에게 기술적 적용들은 그럼에도 불구하고 도덕적 중개자들이다. 그는 명백히 우리가 새로운 기술 자체가 윤리에 영향을 미치는 것을 볼 수 있어야 한다고 말하고자 한다.

내가 보기에 이 마지막 부분이 유효한 것 같다. 새로운 기술은 기존의 가치에 기반해 규범을 형성하는 노력을 요구하는 것이 분명하다. 그러나 그는 여기서 기존의 가치와 변하는 규범 간의 가변적 관계에 대해 언급하지 않고, 오히려 새로운 기술이 **새로운 도덕성을 요구한다**고 말한다. 따라서 그는 기술적 행위자에게 혼종적hybrid 의도와 혼종적 자유가 있다고 본다. 그는 현재 및 미래 인간으로부터 이미 반인간half human, 반기술적 적용half technical applications의 표준 하이브리드를 창조했다(2014, p.73). 즉, 인간 및 기술적 행위자는 함께 일한다. 그러나 이것은 우리가 경험하는 총체적 현실과 모순되지 않는가? 바위와 나무들은 '의도적 자유'가 없다. 페르베이크는 과학기술적 사고방식, 추상적 사고방식에 헌신해(현실의 총체성으로부터 분리되어) 그의 개념들을 결정한다. 우리가 여기서 그를 따른다면, 그 결과 우리는 기술의 힘에 종속되며 따라서 책임의식을 상실하게 될 것이다.[5]

요약건대, 페르베이크의 개념은 '기술적 권력들과 협력'하는 것이라고 부를 수 있다. 그는 기술에 대해 거의 비판하지 않으며, 자신이 어떤 기술적 발전에 적응하는 데 아무 문제가 없다는 인상을 준다. 따라서 그는 비판 없이 기술적 사고 및 기술적 권력들의 정당성을 확증한다(2014, p.99). 그의 기술윤리학에서 그는 '기술과 상호 작용하는 기술'에 관심을 갖는다(2014, p.108). 그러나 이것은 **기술윤리**ethics of technology를 **기술적 윤리**technical ethics로 변화시키는 것이다. "윤리학은 윤리학 자체가 기술의 산물인 경우들에 대해 더 파악해야만 한다"(2014, p.167). 사실 내가 보기에도 기술적 적용의 윤리학은 정당하며 기술적 적용에 관심 있는 윤리학은 인간과 기술의 관계에 대해서도 관심을 갖는 것이 사실이다. 그러나 그의 **기술적 윤리학**은 프랑스 철학자 라투어가 기술적인 것들을 **인간화하여**(2014, p.57) '사물의 도덕성morality of things'으로 말하는(2014, p.63) 개념인 **후기인간윤리**post-human ethics다. 그의 글에서 그는 인간과 기술적 적용이 공유하는 기술적 책임에 대해 말하는 것을 발견할 수 있다(2014, p.124).

그가 이와 관련해 우리는 '좋은 삶'을 선택해야 한다고 말한다.

그러나 특별히 어떤 방향으로 우리가 나아가야 하는지에 대해서는 분명하지 않다. 그는 미래를 위한 규범적인 형태를 만들 것을 약속한다. 그의 기술윤리는 기술적 윤리로서 서구 신자유주의적 자본주의의 리더십 아래 기술적인 발전을 설명하는 것으로 보인다(Schuurman, 2004, 2014). 어쨌든 그가 선택한 방향은 물질주의적 관점과 명백히 모순되지 않으며 지배적인 **과학기술적 사고**는 인간이 기술적 경영 및 제어를 실행하는 데 나타난다. 이것은 인간의 근본적 가치들이 위험에 처할 수 있으며 손상될 수도 있음을 보여준다. 나아가 인간의 **장기** 또는 **기능**에 영향을 미치는 기술과, **인간됨 자체**being human itself가 근본적으로 변화되는, 인간의 **총체성**에 영향을 미치는 구조적이고 기술적인 부분 간의 근본적인 구별이 이루어지지 않은 것은 매우 놀랍다. 어쨌든 여기서 인간과 기술을 완전히 '융합'하는 윤리학은 인간성 자체를 위협할 것으로 보인다.

비판적 평가

내가 보기에 페르베이크는 자신을 기술윤리학에 제한시키며 기술의 **문화철학**에 대해 주의를 기울이지 않는다. 우리가 살펴본 다른 사상가들도 한 가지 공통점이 있는데, 그것은 그들이 새로운 기술에 위대한 일들을 기대한다는 사실이다. 보통 그들은 가능한

(심각한) 문제들에 대해 별로 염려하지 않는다.

'생각하는 기계'에 대한 기대, 인간과 기술적 적용의 경계를 제거하는 것, 그리고 (트랜스휴머니스트들의 생각대로) 새로운 기술을 통해 인류의 진화가 도래하거나 인류가 개선될 수 있다는 기대는 너무 단순하거나 피상적이다.

이런 기대에 대한 이유들은 일차원적이고 물질적인 세계관 및 무의식적이고 기계적인 사고방식에 기원한다고 볼 수 있다. 이런 기술적 사고는 추상적 수준의 학문 및 그런 과학에 철저히 영향을 받은 기술 수준에서 일어난다. 이것은 **과학기술적** 사고방식이다. 현대 기술에 관한 이런 사고는 사실 전적으로 총체적 실재관에서 제거되었으며, 많은 사람들을 근본적으로 갈 곳 없는 곳으로 인도한다. 이런 접근은 **인간의 강화**human enhancement와 커즈와일 Kurzweil이나 드렉슬러Drexler 같은 트랜스휴머니스트들의 사고방식에 대한 최근의 토론을 심대하게 왜곡한다. 그러나 데 뮐 역시 현실에서 소외되어 실제적이기보다는 초현실적이다.

우리가 지금까지 살펴본 사상가들은 총체적 현실에 관해 말한다고 주장하지만, 이것을 과학적으로 이론화된 것으로 또는 새로운 기술적 적용으로 환원했다. 그 결과 실재의 총체성은 과학적 추상성의 수준으로 전도되었고, 따라서 왜곡 및 변형되었다.

컴퓨터는 생각할 수 있는가?

—

컴퓨터가 생각할 수 있는가 아닌가를 여기서 예시적으로 생각해보자. 수학적 철학자인 앨런 튜링Alan Turing은 컴퓨터도 생각할 수 있음을 확증할 수 있다고 믿은 최초의 사람들 중 한 명이다. 그는 소위 '모방 게임'을 발전시켰다. 인간과 컴퓨터가 둘 다 보이지 않는 상태에서 어떤 질문을 했을 때, 그 답변을 한 주체가 인간인지 컴퓨터인지 결정할 수 없다면, 우리는 컴퓨터가 생각할 수 있으며 지적이라고 결론 내릴 수 있다는 것이다. 튜링의 제안 이후, 이런 개념이 토론의 중심에 있다.

이 토론에서 조금 이상한 부분이 있다. 튜링의 주장을 좀 더 자세히 보면 전혀 설득력이 없기 때문이다. 그는 자신의 가정적인 테스트를 통해 이미 예상한 것들을 보여준다. 인간과 컴퓨터를 비교하면서 양자를 두 종류의 정보처리 시스템으로 간주한다. 그의 가정적인 테스트에서 인간은 전적으로 정보처리 기계의 가능성에 의해 조건 지어지고 있다. 이것이 바로 테스트에서 인간과 컴퓨터는 보이지 않지만 "예" 또는 "아니요"라는 답변만 할 수 있는 질문들을 받아들이고 있는 이유다. 우리는 여기서 튜링이 인간의 사고를 전적으로 형식화된, 즉 일련의 규칙들로 확립된 것으로 인식하고 있음을 볼 수 있다. 우리는 이런 지능의 '인공적' 성격을 조심스럽게 강조하면서 '인공지능'에 대해 말할 수 있다.

왜 사람들은 컴퓨터가 생각할 수 있다고 확증하고 싶어 할까?

왜냐하면 그것이 데카르트 철학의 주류에 적합하기 때문이다. 근대 이후 사상가들은 기술적 적용들이 우리를 인간의 부족한 부분과 한계점으로부터 해방시켜줄 수 있을 것으로 기대해왔다. 추상적이고 과학기술적인 사고의 형태 내에서 의인화된 언어는 더 이상 주저함 없이 컴퓨터에 적용되어 컴퓨터도 생각할 수 있다고 말하는 것이다.

그러나 실제로 사람들은 이런 관점에서 인간을 '컴퓨터화'해 보고 있다. 인간을 컴퓨터의 가능성이라는 안경을 통해 보고 있는 것이다. 여기서 사고의 환원이 일어나며 인간적이라는 의미도 환원되고 있다. 이런 과정에서 사람들은 인간과 컴퓨터의 구분을 무시하기 시작한다. 그리고 인간과 컴퓨터를 비교하면서 컴퓨터를 마치 독립적인 전체로 간주하지만, 사실 컴퓨터가 그 '자체로' 존재하지는 않는다. 모든 컴퓨터는 인간에 의해 만들어졌고 프로그램화되었다. 컴퓨터가 흔히 독립적으로 일하는 것같이 보이기 때문에 이런 사실은 쉽게 잊힌다. 그리고 후속 컴퓨터들의 크기가 점점 작아지고 작업 속도도 빨라지며 저장 능력이 커지고 곧 중립적인 네트워크에 통합되기 때문에, 그리고 동시에 인간보다 더 많은 일들을 할 수 있기 때문에, 이 장치에 지능이 있다고 보는 것이다. 컴퓨터는 비교적 실수를 적게 하고(버그들만 제거하면) 다양한 기능들을 수행하므로 더 '지능적'이 되어가고 있다. 나아가 컴퓨터는 지칠 줄 모르며, 약속한 결과물들을 가지고 우리를 놀라게 한다.

사실 컴퓨터는 새롭고 놀라운 기술적 발명이다. 인간의 많은 활동이 분석 후 객관화될 수 있고 소프트웨어를 통해 컴퓨터에 프로그램화될 수 있으며, 따라서 컴퓨터에 의해 인수되고 강화될 수 있다. 인공적 센서를 통해 수집된 정보를 통합하면 로봇을 인공 수족으로 사용할 수 있다. 이런 로봇들은 그들 자신의 '경험들'을 통해 배울 수 있으며 스스로 개선할 수 있다. 그리고 이런 발전은 지속된다.

미래의 로봇은 우리가 생각하는 것보다 훨씬 많은 일을 할 수 있을 것이라고 나는 본다. 그럼에도 불구하고 나는 '생각하는' 컴퓨터 또는 '의인화된' 로봇에 대해서는 말하지 않겠다. 컴퓨터는 기술적 도구나 안내를 하는 도구이든, 또는 문제들을 통해 생각하는 것을 도와주는 도구이든 간에 항상 인간을 섬기는 것이고, 인간의 독창성과 기술의 산물이며, 인간의 창조물로 보아야 한다. 이것을 '도구적 활동'으로 부르면 컴퓨터를 독립적으로 보는 것을 방지하며 인간을 결코 대체할 수 없음을 강조하게 된다. 컴퓨터를 완전히 독립시키는 것은 사실상 불가능하다. 우리가 화성에 보낸 로봇도 마찬가지다. 로봇 또한 인간이 할 수 없는 많은 일을 할 수 있으며, 그것이 로봇의 목적이고 우리가 로봇을 사용하는 이유지만, 로봇은 항상 인간의 제어를 받도록 만들어졌다. 심지어 원격에서도.

그러나 1997년 여름, 체스 챔피언 카스파로프Kasparov가 슈퍼체스컴퓨터인 **딥블루**Deep Blue에게 패하지 않았던가? 이는 체스컴퓨터도 생각할 수 있다는 증거가 아닌가? 우리는 여기서 속지 말아야 한다. 승리를 인식하고 기뻐한 것은 체스컴퓨터가 아니다. 그 컴퓨터를 만든 프로그래머들이다! 컴퓨터가 이렇게 겉으로는 독립적으로 작동하는 것처럼 보이므로 우리는 쉽게 잘못된 결론에 빠져들 수 있다.

컴퓨터가 최고의 체스 챔피언보다 더 체스를 잘 둘 수 있다고 말하기보다는, 딥블루 프로그래머들이 체스를 두는 소프트웨어를 잘 만들어 카스파로프를 이길 수 있었다고 말해야 할 것이다. 생각하는 컴퓨터 및 체스를 두는 컴퓨터에 관해 말하는 것은 상상할 수 없는 기술적 진보에 관한 신화를 지속시킨다. 만약 컴퓨터가 자신에게 "나는 생각하고 있다" 또는 프로그램화된 문장 없이 "내가 체스 게임에서 이겼다"고 말할 수 있다면 우리는 웃음을 터뜨릴 것이다. 왜냐하면 모든 사람이 컴퓨터는 진정한 의식이 부족하다는 것을 알고 있기 때문이다.

컴퓨터와 로봇이 할 수 없는 것

지금까지 컴퓨터와 로봇이 성취한 것은 매우 인상적이다. 새로운 적용들이 계속해서 발전해가고 있다. 우리는 이것을 병원에서의 진단, 창고나 매장에서의 재고 정리 그리고 심지어 규정과 지침에 따라 사회적 결정을 준비하고 내리는 등 다양한 분야에서 목도하고 있다(Brynjolfsson and McAfee, 2014). 컴퓨터와 로봇을 인간의 역사를 극적으로 변화시킨 50대 기계에 포함시키는 데는 충분한 이유가 있으며, 미래에도 계속 그렇게 할 것이라는 기대가 있다(Chaline, 2012).

이런 기술 개발은 많은 사회적 결과를 가져왔다. 인간이 감당하던 어떤 위험부담은 이제 기계가 대신하고 있다. 수많은 데이터를 모으는 것은 인간에게는 시간이 많이 걸리는 활동이지만 최근 몰라보게 발전했다. 옛 패턴에 따라 일하는 인간은 '쓸모없는' 존재가 되어가고 있으며, 따라서 직업을 잃고 있다. 기술 개발의 시작과 관련된 보다 창조적인 일을 (가능한 한 빨리) 선택하지 않는 한 새로운 기술에 의해 대체되고 말 것이다.

결국 모든 기술적인 발견들 및 발명들은 사람에게서 온다. 가령 우리는 사회적 미디어에서 컴퓨터가 시스템 관리 및 유지에 매우 중요한 역할을 하는 것을 보지만, 페이스북이나 트위터 그리고 위키피디아 같은 가능성들은 분명히 인간의 의식적인 창조물들이다. 그리고 컴퓨터와 로봇이 결코 삶의 의미와 목적에 대한 질문들에 독립적으로 답할 수 없다는 사실은 명백하다.

창조성이란 무엇인가? 호기심에 의해 배양되며 지속성 및 가능성과 새로운 조합들에 대한 예기치 않은 새로운 관점에 의해 특징지어진다. 나아가 유연한 사고방식, 유희성, 젊음, 질문하는 정신, 일상적인 것들을 다르게 보는 능력, 전통적인 해결방식에서 벗어나려는 용기, 높은 수준의 직관, 내적 반성의 정도 및 위대한 지적 능력과 담대함의 결합도 그 특징들이다. '브레인스토밍' 및 비판을 갖춘 처리 능력을 통해 창조성은 확장되고 다양한 창조물을 만들어낼 수 있다. 따라서 이전에 가보지 않은 길을 가는 교육에 의해 창조성을 발전시키고 자극할 수 있다. 이런 종류의 발전된 창조성은 새로운 길을 가며, 경계를 넘고, 새로운 가능성들을 창조해내는 기본 전제조건이다.

창조성은 어떤 것을 성취하기 위해 **전략**을 선택한다. 이것은 컴퓨터나 로봇이 결코 할 수 없는 일이다. 하나의 전략 내에서 하부적인 계획과 관계된 모든 것은 그 기계를 만든 인간을 섬기기 위해 기계에 의해 매우 잘 수행될 수 있다. 이것은 매우 큰 차이점이다.

나아가 창조성은 항상 유익만 가져다주는 것은 아니다. 창조성은 악과 동맹을 추구할 수 있으며 악에 의해 소유될 수도 있다. 인간의 역사를 보라. 창조적인 인간의 악의에 의한 발명은 폭력적인 갈등 및 전쟁, 파괴적 인간관계, 범죄, 경제적 착취, 인신매매, 사디즘sadism에서 명백히 드러나며 우리 시대에도 분명히 감소되지 않고 있다. 창조성은 고립될 경우 축복이 아니다.

전형적으로 인간적인, 놀라울 수도 있고 그렇지 않을 수도 있는 혁신적 창조성이란 무엇인가? 모든 인간은 본질, 사물의 본체에 통찰 또는 직관으로 접근할 수 있다. 컴퓨터는 결코 그렇게 할 수 없다. 어떤 사물의 본질에 대한 통찰력은 모든 인간에게 주어져 누구든지 '나'라고 영적 중심에서 말할 수 있다. 개혁주의적 철학

용어로 말한다면, 컴퓨터는 공간 및 물리-화학적 영역에서는 **주체**subject로 기능하지만 다른 영역에서는 **객체**object로 작용하는데, 인간은 이 영역에서도 주체로 기능해 어떤 새로운 것을 선택하고, 경제 영역에서 활동하고, 미적 영역에서도 주체적으로 행동하며, 정의를 추구하고 돌봄과 자비를 보여주며, 사랑을 나타내고 신뢰하며 신앙한다. 기계는 결코 인간의 비전, 지혜, 사랑, 인내 및 공감을 가질 수 없을 것이다. 이 모든 영역에서 인간은 최신 기술보다 뛰어나며, 따라서 우리는 모든 기술에 대해 계속해서 책임을 지니는 것이다.

이렇게 본다면 우리 주변에서 일어나는 혁명적인 기술의 발전은 보다 더 하나님이 원하시는 의미로서의 '인간적인 사회'로 이어질 수 있다. 그 반대 현상들이 자주 일어나는 것은 사람들이 기술적 적용에 의해 '지배받기' 때문이며, 환원주의적인 기술주의적 사고에서 어떻게 벗어나는지 모르기 때문이다. 기술주의적 사고는 악을 섬기지만 않는다면 매우 풍요로울 수 있으며 실재를 물질로 환원시키지 않지만, 영적이고 신적인 기원을 둔 모든 피조물의 통일성에 대한 여지를 남겨둔다. 그들의 머리와 손에 '마음'을 가진 사람들은 이런 기술주의적 시대에도 결코 피상적이 되지 않는다! (이러한 마음을 가진 사람들은) 다른 많은 사람들이 작업할 수 있는 공간을 만들어주기 위해 창조성이 필요하다(Dessauer, 1956 / Schuurman, 2004, 2009).

기독교철학적 관점

소위 인류학적 기술에 관한 현대 기술사상가들의 기대는 우리가 본 바와 같이 극단적으로 환원주의적이고 피상적인 인간관에 기초하고 있다. 인간적인 모든 것을 물질적이고 물리적인 구조들로 환원하고 이것을 기술적인 방식으로 해석하는 것은 복잡한 인간의 구조에 대해 올바르게 해석하는 것이 아니다. 이는 기술적 적용에 의해 인간 존재에 위협이 될 수 있는 것들에 대한 저항 수단을 잃어버리게 만든다.

기독교철학은 기술의 가능성들에 대한 잘못된 기대와 과대평가에 대한 무기로 활용될 수 있다. 인간의 구조적 분석에 있어 인간은 물리적 구조 이상의 존재임은 매우 본질적인 사실이다. 인간은 물리적 구조(원자 및 분자들), 생물적 구조(세포들), 심리적 구조(신경체계), 그리고 인간적이고 규범적인 행동 구조, 즉 의도하고 생각하고 믿으며 이론적 분석에 체포되기를 거부하는 **나**라고 하는 구성 요소들에 의해 잘 짜인 카펫과 같다(Ouweneel, 1986). 이런 '나'는 성경에 나타난 하나님의 형상과 연결된다. 하나님의 형상은 인간 존재의 중심을 특징지으며 거기서 모든 책임 있는 인간 행동이 결정된다. "마음에서 생명의 근원이 나오기 때문이다"(잠 4:23b).

이것을 보기 위해 우리는 지배적인 과학기술적 사고방식과 그로 인한 인간과 실재의 관점에서 벗어날 필요가 있다. 인간을 처음부터 기계로 인식한다면 인간이 어떻게 미래를 예견할 수 있겠는가? 이런 환원주의적 사고방식은 인간의 활동을 무책임한 것 free-in-responsibility으로 환원시키는 것이다. 그 결과 의미 있는 관점 은 선험적으로 배제된다.

그렇다고 해서 기술적 적용이 인간의 활동과 조합될 수 없다는 의미는 아니다. 모든 물리적 보철의 경우, 인간의 복잡한 구조는 기술적 장치와 섞여 있다. 이 패턴은 가령 신체기관 및 기능 수준 에서 근대 기술적 적용에 의해 확장될 수 있다. 그러나 그런 기술 적 구조를 실행하는 것은 인간의 육체를 침범할 수 없으며(여기서 우리는 경계를 볼 수 있다), 인격적이고 영적인 인간의 정체성을 존중 해야 한다. 인간의 **총체성**을 보호하는 것은 인간이 그런 수준에서 기술과 섞이지 않도록 하는 것이다.

따라서 가령 백혈병에서 회복되는 속도를 빠르게 하려고 골수 세포를 조정하는 유전자술을 사용하는 것은 적법할 것이다. 그러 나 동일한 기술로 어떤 사람의 DNA 구조를 변화시키려 하는 것 은 불법일 것이다. 후자와 같이 '섞는' 것은 가령 생식선을 통해 (미래) 인간의 유전 구조가 부정적인 결과를 나타내지 않고도 조작 될 때 일어날 수 있는 일일 것이다.

많은 사람들이 인간의 자유에 대한 고려 없이 로봇과 사이보그 를 생각하기 때문에 인간은 선험적으로 기술적 관리 및 사고의 통제 스타일에 종속되고 있다. 인간을 무비판적이고 무모한 생각 으로부터 보호하고 인간의 책임을 보다 강조하기 위해 인간의 자 유가 과학을 하는 데 있어 반드시 **전제되어야** 한다. 이것이야말로 인간이 진정한 챔피언이 되는 길이다.

기술에 관심을 쏟는 많은 사상가들은 자유롭고 책임지는 인간의 진정한 가치를 알지 못한다. 이론상 자유 또는 책임이 없는 인간은 이미 기계의 희생물이다. 이것은 무한한 과학기술의 관리 및 제어에 대해 이상을 품은 결과다. 이런 이상은 변증법적으로 인간 자유의 필요성을 주장하는 사람들에 의해 기술적 세계의 위협적인 특성에 대한 반발의 형태로 나타나는 반대를 배제한다. 자유가 사고의 한계로 인정되지 않을 경우, 자유를 향한 외침이 뚫고 들어와 인정받기를 요구한다.

데 뮐이 그의 책에서 인간과 로봇의 정체성에 대해 매우 분명히 설명했지만, TV 토론에서는 그렇게 분명하지 않았는데, 그 이유는 인터뷰하는 사람이 인간 자유의 필요성(인간의 독특성)을 생생한 용어로 강조하는 경향이 있었기 때문이다. 데 뮐은 그 점을 억지로 인정하긴 했으나 그가 무엇을 말하고자 했는지는 분명하지 않았다.

현대 기술이 많은 사람들에게 위로가 될 정도로 너무나 가까워졌지만(Van Est, 2014), 우리가 그것에 관해 생각할 때 인간은 **자유롭고 책임지는** 존재라는 사실을 계속 확증해야 한다. 인간은 항상 자유라는 관점에서 생각하며, 자유롭게 평가하고, 자유로운 상태에서 결정한다. 인간이 기술과 섞여 있다고 가정한다면, 인간은 이런 식으로 계속해서 생각하고 행동해야 할 것이다. 그런 기술은 이것을 불가능하게 하지 않을 것이다. 이런 인간의 자유가 모든 종류의 요소들에 의해 조건 지어진다면 그것이야말로 가능성의 분명한 근거일 것이다. **인간은 본래 자유롭고 책임지는 존재다.**

기술적 적용은 인간이 자유를 사용해 발전시킨 것이며 인간을 섬기기 위한 도구들로 개발되었다. 이 막강한 도구들은 인간의 문화적 산물들을 객관화하고 강화시키며, 결국 인간에 의해 의미 있게 사용된다. 우리는 주변의 기계들과 로봇들이 점증하는 과학기술적 통찰력을 기초로 하여 어떻게 더 많은 일들을 할 수 있는지를 본다. 그것은 참으로 아름다운 일이다. 이런 과정을 통해 인간의 책임이 적절히 강조되고 인간이 리더 역할을 한다면, 그것은 가치 있는 일이며 진보를 가능하게 한다.

이것은 또한 인간의 육체가 기술적 적용과 조합될 경우에도 마찬가지다. 이때 우리는 사람의 육체적·인격적 그리고 영적 성실성과 정체성을 보호해야 하는 것처럼, 항상 넘어서는 안 되는 규범적인 경계가 있음을 고려해야 한다. 만약 이런 보호가 이루어진다면 우리는 인류학적 기술과 관련해 회복을 말할 수 있으며(여기서 인류학적이란 인간에게 영향을 미치는 작용들을 의미한다. 보고, 듣고, 움직이는 것처럼), 경우에 따라서는 인간을 도와 더 발전하게도 할 수 있다.

반대로, 기술의 결과로 생명에 방해나 위협이 가해질 가능성도 분명히 있다. 그렇다면 기술은 생명을 섬기는 것이 아니라 저해하게 된다. 가령 사람의 뇌에 심겨진 바이오칩이 그 사람을 통제해 그의 의지를 위협하는 것이다. 불행하게도 이 분야의 새로운 기술에 초점을 맞추는 대부분의 사상가들은 이런 발전에 대해 별달리 저항하지 않는다.

기독교철학적 관점으로 본다면, 기술적 적용의 강화 및 그 결과들을 볼 때 우리는 인간의 책임을 **더욱** 강조해야 할 것이다. 이것이 기술 남용의 위협에 대한 가장 효과적인 저항이다. 책임지는 자유는 새로운 기술에 대한 규범의 가능성을 창조하며, 그것을 잘 관리하고 유용하게 사용하려고 한다. 나아가 인간은 그의 창조성이란 신비에 근거해서 새로운 것을 계속 만들어낼 수 있다. 이런 방식으로 인간의 책임성은 사라지지 않으며 오히려 점점 사회적으로 증가한다.

나아가 우리의 논의는 사이보그 개념의 내용 및 기술이 어떻게 가치와 규범을 낳고 우리의 경험 및 사상을 변화시키는지에 관한 것이 되어야 한다. 우리가 어떻게 기술을 형성해야 하는지가 계획에 있어야 한다. 우리에게는 **책임의 윤리**가 필요하다. 정말 새로운 기술적 적용은 기존의 가치에 기반한 새로운 규범의 출현을 요구한다. 그런 책임윤리의 방향은 새로운 인류학적 기술이 인간의 삶을 더 풍요롭게 할 것인지 아닌지에 의해 결정될 것이다.

현재의 정치적 상황

―

기술은 엄청난 문화적 힘을 창조하며 계속되는 발전을 통해 인간의 삶에 큰 영향을 미친다. 따라서 정치학이 새로운 형태의 기술에 관여하는 것도 놀랄 일이 아니다. 가령 컴퓨터를 통해 사이버공간에 참여함으로써 인간의 사생활이 위험에 처한다는 매우 정당한 염려가 있다. 다른 예로, 유전자 변형의 가능성에 대한 정치적 관심이 커지고 있다. 이것은 우리가 본 바와 같이 인류학적 기술이 주목을 받기 시작하면서도 생겨나고 있다.

이런 발전이 시작되면서 유전자 변형에 관해 다양한 윤리적 의견이 있었다. 의견의 차이는 여전히 존재하지만 정치적 영역에서 새로운 진보의 증거도 나타나고 있는데, 네덜란드의 경우 점점 더 의견의 합의가 이루어지고 있다. 이런 합의는 점차 증가하고 있으며(유럽 차원에서도 마찬가지다), 농산물의 유전자 변형에 관해서도 그렇다. 동일한 종류의 식물에서 수정('시스-제네시스' 즉 '종 안에서의 변형'이라고 한다)은 점점 더 많은 지원을 얻고 있지만, '트랜스-제네시스trans-genesis'(종을 넘는 변형)는 아직 알려지지 않은 많은 위험부담 때문에 여전히 반대가 많다.

이런 기술을 인간에게 적용하는 것에 대해서도 마찬가지다. 질병을 치료하는 경우 장기 수준의 치료는 점점 더 동의가 이루어지고 있는 반면, 생식선을 통해 치료하는 것은 실제적으로 모든 사람이 거부한다. 그런 치료는 인간 **전체의** 인격에 영향을 미치며 그 결과가 아직 불확실하기 때문이다.

줄기세포에 관해서도 유사한 반응이 대부분이다. 네덜란드 정당 중 자신의 줄기세포를 치료에 이용하는 것에 대해 반대하는 정당은 없다. 그러나 이런 세포들을 그 복적을 위해 인간의 배아로부터 배양하는 것에 관해서는 정당들 간에 근본적으로 이견이 있다. 이런 문제 상황에서 벗어나는 길은, 어떤 사람의 몸에 있는 기존의 세포를 차별화되지 않은 줄기세포 상태로 가져오는 것이다. 그렇다면 많은 질병의 치료도 생각해볼 수 있다. 다행히도 많은 사람들이 정치권 내외에서 인간 복제를 거부하는데, 이는 복제 과정에서 인간 **전체의** 인격이 포함되기 때문이다. 따라서 전체 인격을 포함하는 기술과 단지 장기 또는 기능에만 영향을 주는 기술 간에는 구별이 이루어지는 것이 유익하며 미래에도 도움이 될 것이다.

인류학적 기술의 발전과 관련해 정당들은 좀 더 경성해야 할 것이다. 기술적 적용들이 다시금 인간 전체를 향한다면, 또는 이런 종류의 기술들이 인간의 인격성을 훼손하거나 인격적·영적 정체성에 압력을 가한다면 우리는 경종을 울려야 한다. 특히 트랜스휴머니스트들의 영향을 받아 우생학적인 사상이나 관련 제안들이 나오게 된다면 더욱 그렇게 해야 한다. 그런 경우에 우리는 인간의 권리를 방어하기 위해 일어나야 할 것이다. 이런 새로운 기술들과 관련해 정당들은 깨어 있어야 하며, 이 분야에 대한 감시가 늘 이루어져야 한다.

우리가 로봇 이슈에 관해 다룰 때 로봇은 이미 인간에 의해 관리되고 제어되었으나 항상 투명하지는 않은 복잡한 소프트웨어 때문에 늘 그런 것은 아니라는 사실을 인식할 필요가 있다. 만약 로봇이 자신을 재생산할 경우 더욱 그럴 것이다. 정당들이 이런 발전에 제동을 걸지 않는 것은 사실 매우 놀랄 일이다. 21세기의 기술적 적용들, 즉 유전자 수정, 나노기술 그리고 로봇공학 등은 너무나 강력해서 예기치 않은 다양한 종류의 사고들과 남용이 일어날 수 있다.

오늘날 정치인들은 테러리스트들의 손에 핵폐기물이 넘어가는 것에 대해 신경을 쓰고 있다. 이런 일들이 새로운 기술의 경우에도 일어날 수 있는데, 그런 위험에 대한 이야기는 거의 들리지 않는다. 많은 사람들은 지금 세계적인 자본주의 체계 안에서 재정적인 성공 및 경쟁적 유익이라는 유혹의 이미지와 함께 새로운 기술에 의해 창조된 물질적 꿈을 좇고 있다. 하지만 비판의 목소리는 거의 들리지 않으며, 우리가 가져야 할 실제적 우려가 충분히 공유되지 않고 있다(Joy, 2000).

더 나아가 우리는 윤리적 반성 및 공적이고 정치적인 토론을 요구하는 우리의 행위에 (주로 무의식적으로) 영향을 미치는 새로운 빅브라더 시나리오 및 기술에 직면하고 있다. 요컨대 우리 시대의 눈부시고 새로운 기술에 관한 매우 조심스럽고 비판적인 반성은 창조 세계를 올바르게 개현하고 발전시키며 창조주 하나님의 영광을 나타내 인간의 복지도 증진시키고 모든 생명체를 보호하는 것을 목적으로 삼아야 할 것이다.

2 현대 기술 이론 및 세계관

현대 사상가들 중 소수만이 기술이념을 심도 있게 연구했다. 프랑스의 문화철학자 자크 엘륄Jacques Ellul과 독일계 미국 신학자 폴 틸리히Paul Tillich를 생각해보라. 그들은 우리 '기술 사회'를 비판하면서 서구에 나타난 기술 발전의 독특한 정신에 대해 주의를 기울였다. 우리는 현대 문화에 대해 매우 깊고 넓게 분석한 그들의 관점을 본다. 그들은 가령 어떻게 교육, 사법제도, 윤리 및 심지어 종교도 절대화된 기술적 태도에 의해 위협받는지 보여준다. 그들은 이것을 '도구주의'라고 부른다. 나아가 기술적 열병이 사회적·경제적으로 비참한 문제들의 근원이 되고 있음을 분명히 강조한다(Ellul, 1989 / Tillich, 1985).

현대적 현상으로서 기술적 세계관

—

우리는 과거 고전적인 장인들의 솜씨로 대변되는 **고전적 기술**과 **현대 기술**을 구별해서 볼 수 있다. 역사적으로 볼 때 과거 장인들의 기술과 현대 기술의 발전 간에는 분명한 차이가 있다.

우리는 과거의 고전적인 장인들이 기술적 세계관을 가지고 있었다고 말할 수 없다. 많은 사람들이 종교적이었지만 그들의 종교적 세계관은 기술적이지 않았다. 그런 장인들은 석공들처럼 매우 기술이 좋고 창조적이었으나 그들의 생산물이 기술적 지식만으로 정의되는 현실관을 반영한 것은 아니다. 기술적 장인정신은 기술적 세계관의 유무에 상관없이 인간의 내적인 물리적 능력에 의해 모든 시대에 가능하다. 그런 장인정신은 완전히 인간적인 노력이다. 그것은 가능한 도구에 의존하며, 내가 보기에 그 자체가 일반적으로 말해 기술적이라고 할 수 없는 더 큰 우주적 전체인 피조계의 일부다.

모든 시대에 기술적 장인들의 솜씨는 사람들에게 엄청난 영향을 미친다. 그리고 불행하게도, 그런 솜씨를 적용해서 만들어진 권력 및 예술의 놀라운 결과들은 경배의 대상이 되기도 한다. 바벨탑 사건이 기록된 성경의 창세기 11장이 그 대표적인 예다. 이런 경배는 오늘날 현대 기술이 만들어낸 결과에 대한 반응에서도 종종 목격된다. 많은 사상가들이 엘륄과 틸리히와는 달리 현대 기술이 영감 있는 메시지를 담고 있다고 보며, 어떤 이들은 인간 자신의 궁극적인 '구원'으로 인도하는, 전 세계를 위한 현대의 복음이라고 본다. 이것은 현대 기술 세계와 과거 장인 세계의 연속성을 보여준다(창 11장). 둘 다 인간의 천재성의 산물로 경외감을 불러일으키는 대상물을 경배한다.

그러나 비연속적인 면도 있다. 현대의 기술적 적용은 전체적인 기술적 세계관의 일부가 되었다. 이런 세계관은 많은 사람들에게 매우 깊은 영향을 미치고 있는데, 심지어 우리가 바벨탑에서 보는 것보다 영향력이 더 크다. 현대 서양에서 그리고 동양에서도 모든 것을 현대 기술의 관점에서 보려는 경향이 있다. 인터넷의 막강한 존재감을 생각해보라. 현실의 모든 것은 과학기술적 지배, 즉 공격적인 인간 관리 및 기술적 수단에 의한 제어의 대상이 되었다. 20세기 독일의 철학자 하이데거는 우리 시대가 세속화되고 기술적인 **세계관의 시대**Zeit des Weltbildes라고 말했다. 서양의 현대 기술 시대 이전에는 그렇지 않았다. 천국은 아직 인간의 사고 구성에 의해 '못 박히지' 않았다.

어떻게 이런 일이 일어났는가? 자연과학의 결과로 생겨난 기술공학의 세계는 특정한 세계관에서 비롯되고 다시 그 세계관을 퍼뜨리는 독특한 특징을 갖게 되었다. 모든 대학에서 가르치는 자연과학 및 공학은 확신을 주는 보편성 및 논리적 필연성을 공유한다. 이들은 실재를 종합적이고 수학적인 공식으로 묘사해 자연법을 정의하고, 이런 법칙들이 어떻게 인간의 삶을 형성하는 데 실제적으로 사용될 수 있는지 보여준다. 이런 특징들이 구체적으로 기술적 적용에 전이되면서, 기술적 세계관에 대한 무의식적이지만 종합적인 헌신을 낳게 되었다. 즉, 현대 기술은 그 특징들과 함께 현실의 모든 것을 설명하는 모델이 된 것이다.

기술이 (과학적 연구로) 광범위하게 기술적 산물 및 시스템으로 적용될 때에만 이런 현상이 나타나는 것을 관찰해야 한다. 사실 특정한(현재 지배적인 것 같은) 기술적 세계관은 그 자체가 인간의 역사에서 불가피한 것은 아니다. 다양하고 상이한 (종교적) 헌신 및 세계관을 가진 사람들에 의해 이 세상에서 책임 있는 기술적 적용을 실행할 충분한 여유가 있다. 그러나 우리는 동서양을 막론하고 현대 기술적 세계관의 유혹을 결코 과소평가해서는 안 된다.

서양의 역사적 발전

───

서양의 현대 기술적 세계관의 뿌리는 중세 시대 서양의 발전으로 거슬러올라갈 수 있다. 서양 사상가들은 점점 더 하나님보다는 인간을 중심에 두고, 심지어 실재의 기준으로 간주하게 되었다. 이런 입장에서 그들은 인간을 존재의 진정한 '주인이요 지배자'라고 선언했다.

현대 서양의 지배적인 지적·이념적 운동들이 **하나님이나 지배자들이 아니다**ni Dieu ni maître!라고 외친 르네상스 및 계몽주의의 열매들이라고 주장하는 것은 정당하다. 이런 근대의 운동들은 그

혁명적인 배경과 함께 과학 및 과학 지향적인 철학을 통해 인간의 모든 활동을 완전히 지배하려고 시도했다. 오늘날 이런 운동들은 계속해서 전 세계의 문화적 풍경을 넘어 마치 메뚜기떼처럼 빠르게 번져나가고 있다. 내가 보기에는 이것이야말로 서양 문화가 기술적인 문화인 동시에 철저히 세속화되고 무신론화된 중요한 이유다.

사람들은 서양의 역사적 발전에서 인간 중심의 기술적인 문화 및 무미건조하고 개인주의적인 세속주의 간에 이념적 연결점을 인정할 때 이상하게도 자주 침묵한다. 내가 보기에 이는 매우 놀라운 일이다. 그들은 이런 발견에 의해 충격을 받아 말문이 막힌 것 같다. 이것은 돌이킬 수 없고 불가피한 발전이므로 그것에 의해 마비되는 느낌인 모양이다.

녹색으로의 전환과 그에 연관된 변증법

기술적 세계관의 힘은 우리 시대에 부인할 수 없다. 우리 문화의 극단적인 인류학적 특성의 위험성에 대해 많은 사람들이 인식하고 있으며 대안을 모색하고 있다. 가끔 인간을 만물의 척도로 보는 것에 반해 '녹색 생태계적' 접근으로 식물, 동물 그리고 지구 자연환경의 건강을 회복하려는 움직임이 있다.

많은 사람들이 수학적 법칙으로 설명되는 합리적·과학적·기술적 자연관과 비합리적·이상적·낭만적 자연관, 세렝게티 평야의 평온함 간의 변증법적 운동에 휘말려 있다(Cobey, 1990). 이런 변증법적 운동은 내가 보기에 테니스공이 왔다갔다 하는 것처럼 세속화된 문화의 저변에서 참된 안식을 누리지 못하는 새로운 이방인적 특성을 보여준다.

하나님을 배척하다

이런 변증법적 운동은 가장 깊은 수준에서 일어나는데, 그 이유는 우리 인간이 하나님과 그분의 계시를 경청하지 않기 때문이라고 믿는다. 우리는 피조물을 중심에 두기 시작했고, 따라서 변증법적 현상이 불가피한 것이다.

나는 이 세상이 하나님의 장엄한 창조물이라는 사실을 서구인들이 적극 무시하고 있다고 깊이 확신한다. 그래서 우리는 우리 가운데 있는 악의 깊이를 부인하고, 역사적인 타락으로 인한 인간의 불순종으로 모든 어두운 결과가 초래되었다는 사실을 믿기를 거부한다. 나아가 우리는 그리스도가 그분의 삶, 죽으심 그리고 부활하심으로 이룬 총체적 구속도 애써 무시한다. 그리고 새로운 창조에 대한 생생한 기대로 인한 소망도 잃어버리는 비극을 맞게 된다.

우리 문화에서 양극단(과학적·분석적·합리적인 비인격적 자연법과 이상적·낭만적·범신론적인 자연) 간의 변증법적 운동은 그 저변에서 해악

을 끼치는 기생충과 같이 하나님의 창조적 실재 및 세상에 나타
난 그리스도의 구속적 능력을 저버리고 자기파멸적인 과정에 빠
져들고 있다.

카이퍼의 맹점

이제 현대 기술의 주제로 돌아가자. 우리 많은 사람들은 현대
기술의 발전을 매우 무비판적으로 받아들였다. 이런 태도는 1891
년, 네덜란드의 위대한 개신교 신학자요 정치가였던 아브라함 카
이퍼Abraham Kuyper(1837~1920)에게서도 발견된다. 물론 그는 자신
의 사회에 대한 '총체적 비판architectonic critique'을 영원의 관점에
기초했으나, 당시 기술 발전의 중요성을 상대화하려는 노력은 거
의 하지 않았다.

그것은 어느 정도 이해할 수는 있다. 유익한 기술 발전은 어디
에서나 볼 수 있었다. 누가 그 발전이 이룬 놀라운 잠재력, 즉 가
난과 기아 그리고 질병을 제거하고 영적으로 더 풍요한 문화를
이룰 수 있는 가능성들을 열어준 것을 부인할 수 있겠는가? 그런
발전은 하나님나라의 부인할 수 없는 표식이 아닌가?

카이퍼는 우리가 기술적 진보를 **진정** 필요로 한다는 사실을 보
았다. 그러나 그는 기술적 발전을 기술적 세계관의 무서운 힘인
이념으로 바꾸려 하는 위험을 감지하지 못했다. 카이퍼는《왕을

위하여*Pro Rege*》에서 전화기와 같은 현대 기술의 성취를 예수님의 기적보다 더 놀라운 기적으로 묘사했다!(1891, p.143 이하)

카이퍼는 인간이 끊임없이 기술적 능력을 통해 하나님을 왕좌에서 끌어내리고 자신의 이름을 지상에서 높이며 하나님이 없는 바벨 문화를 건설하려고 했던 성경적 경고(창세기 11장의 바벨탑 이야기)를 잊었다. 놀랍게도 카이퍼의 기술적 진보에 대한 평가는 너무나 찬사 일색이며, 이것은 결국 그의 추종자들의 눈도 멀게 만들었다. 네덜란드에서 현대 기술이 비판적으로 분석되기까지는 많은 시간이 걸렸다.

최근 기술에 대한 찬양은 많이 수그러들었지만 깊이 있는 비판은 아직 그리 많지 않다. 영원의 관점에서 본, 카이퍼에 대한 새롭고 심도 있는 비판적 분석이 절실히 필요하지만, 카이퍼와는 다르게 우리 주변에 선전되고 있는 기술적 세계관에 조심스럽게 접근해야 한다. 오직 그렇게 할 때에만 이 세계관은 깨지고, 우리는 비로소 그 내재적이고 순수하게 물질적인 사고의 속박으로부터 벗어날 수 있다.

1991년 네덜란드에서 개최된 제1회 기독사회회의 100주년 기념 행사에서 현대 기술에 대한 위험이 지적되었으나, 이 위험의 배경에 대해서는 실제적으로 검토되지 않았다. 바로 이 특정한 배경이야말로 매우 중요한 빛을 던져주고 있다.

경제는 멍청한가?

___

우리 시대에 많은 사회적 비판은 기술적 적용을 중립적인 것으로 보고, 그것이 악의적인 경제·사회적 질서 내에서 작용할 경우에만 위험한 것으로 파악한다. 우리가 제3세계의 문제들을 볼 때, 배타적인 자유시장 경제학에 대한 비판이 정당함을 부인할 수 없다. 전 세계적인 노동 문제들, 환경오염 및 생물 영역의 파괴 원인들이 그런 분석으로는 드러날 수 있다. 그러나 내 생각으로는 이 문제에 대한 더 깊은 통찰은 자유시장 경제학의 이념에 대한 비판이 현대 기술의 이념에 대한 격렬한 비판에 의해 보충될 때 가능하다.

사실 현재 기술적 세계관 또는 기술이념(나는 이것을 기술을 절대화하는 영이라고 부르겠다)이 자유시장 경제학의 이념보다 앞서며 그 저변에 깔려 있다고 말할 수 있다(Schuurman, 1985, pp.9-30 / 1989).

세상에서 정치적 발전의 배후에 있는 엔진으로 경제적 요소들만 보는 것은 적절하지 않다. 핵무기기술 및 우주탐험기술의 발전을 생각해보라. 왜 엄청나고 비균형적인 투자들이 이 분야에 이루어지고 있는가? 여기서는 경제적 유익이 우선시되지 않는다. 오히려 이런 발전들은 지배적인 세계의 초강대국들 간의 영광과 명예를 위한 경쟁을 반영하고 있다.

나아가 기술적인 세계관의 효과는 어떤 경제이론에 속한 것보다 점점 더 확장되고 깊어진다. 법, 심리학, 심지어 신학 등 많은 과학적이고 학문적인 분야들이 과학기술적 범주들로 자신들을 표현한다. 경제적 범주들을 사용하는 것은 더 이상 과학적이지도 적절하지도 않다고 간주된다. 여기서도 경제학은 기술에 절하고 있다.

이런 상황에서 현대 기술이념이 사회 문제들을 다룰 때 심지어 그리스도인들에게도 관심을 너무나 적게 받는 이유는 무엇인가? 혹시 애덤 스미스나 마르크스의 계보를 따르는 시장경제의 변호인들은 많은데, 이들 이념에 대한 탁월한 변호인이나 반대자들은 많지 않기 때문이 아닌가? (물론 일부 변호인들과 반대자들이 있기는 하지만, 이 부분에 대해서는 나중에 언급하겠다.) 그리고 기술이념이 이렇게 결정적이고 가시적인 주창자들을 필요로 하지 않는 것은 그것이 그만큼 설득력이 있기 때문이 아닌가?

내가 보기에 (앞서 언급한 바와 같이) 기술적 적용은 과거와 현재를 막론하고 인간의 타락 이후 항상 유혹적인 힘을 형성했으며, 이런 힘은 미묘하지만 매우 강력한 방식으로 현대 과학이 기술 발전에 미치는 영향에 의해 더욱 강화되어왔다.

유토피아인가, 디스토피아인가?

서양의 중세 시대에 시작해 르네상스 시대에 강력하게 커진 서구 사회는 자신을 점점 더 자율적이라 상상하면서 현대 기술적 진보로 무장했다. 이런 비전은 이미 중세 및 르네상스 시대에 기술적 적용의 가능성에 의해 영감을 받은 '유토피아'라는 꿈에 의해 분별할 수 있다. 우리는 로저 베이컨이 13세기에 언급한, 그리고 16세기에 프랜시스 베이컨이 이야기한 유토피아('새로운 아틀란티스')에 관해 생각할 수 있다(Ihde, 1985). 그리스도인이었던 프랜시스 베이컨은 타락의 많은 결과가 미래에 기술적 적용들로 인해 영향을 받을 것이라고 보았는데, 정말 대단한 예상이었다!

어떤 현대 사상가들은 전체 실재를 기술적인 수단으로 제어할 수 있다고 보고 지구에 유토피아를 추구하면서 과거 두 베이컨의 주장에 호응하고 있다. 정말 하나님 없는 인간은(두 베이컨은 그래도 유신론자들이었다) 그 내재적이고 과학기술적인 제어 및 관리 능력으로 모든 존재의 주와 지배자가 되려 한다. 영원한 관점은 완전히 사라졌으며, 신적 세상과 세상적 실재 사이에는 깊은 간격이 있음을 드러낸다.

이런 발전의 결과는 명백하다. 특히 제2차 세계대전 이후 서양의 많은 평범한 사람들은 그들 주변에서 일어나는 거의 무한한 기술적 진보에 경의를 표하기 시작했다. 그들은 기술이 제공하는 명백한 물질적 성공에 주목했다. 물질주의와 소비주의가 그 결과였다.

내가 평가하건대, 서양의 역사상 이렇게 철저히 기술적인 시대는 없었으며, 동시에 영적으로 이렇게 공허한 시대도 없었다. 그 결과 기술이 없는 사람들은 실업자가 되어 집을 잃기도 했으며,

---

우울증과 알코올중독·비만·쾌락주의적 허무를 추구하는 소규모의 사치스러운 상류 계층, 불안·권태·고독·자포자기·마약중독에 빠진 청년들이 생겨났고, 가정이 깨져(결혼한 가정의 40퍼센트가 이혼했다) 어떤 한계도 없이 살거나 '시간만 죽이는' 삶을 사는 이들이 늘어났다. 이것은 현대 문화적 풍경이 낳은 병폐적 세태의 표현이다. 아이러니하게도 여론조사를 하면 대부분의 사람들은 행복하다고 대답하지만 믿을 수 없다. 내가 보기에 이것은 기술적 능력에 지나치게 의지해 그런 척하는 쓴 열매이며 디스토피아적 태도다.

불의한 자들이 의인을 삼키면 하나님께서는 잠잠하신다고 하박국 선지자는 말한다(1:13).

기술적 헤게모니

―

기술적 이념이 현대 우리 문화의 핵심을 붙잡고 있다. 이것은 우리 사회에 거의 절대적인 영향을 미치고 있다. 이런 발전으로 인해 많은 문화 요소들이 이 '세력', 즉 과학기술적으로 제어 및 관리하는 사람들에 의해 정부(그들의 광범위한 관료주의와 함께), 교육, 산업 및 비즈니스 영역에서 근본적으로 지배당하고 있다. 농업이나 보건 및 사회복지에서도 마찬가지다.

아이러니하게도 사람들은 기술에 의해 초래된 문제들을 더 많은 기술로 해결하려고 하는 경우가 얼마나 많은지! 가령 정보기술, 생명기술 및 유전자 수정(또는 조작)이 환경 및 노동 문제 등에 대한 자명한 해결책으로 얼마나 자동적으로 제시되는지 보라. 우리는 과연 올바른 길 위에 서 있는가?

우리는 이제 실업 및 직업적 장애, 환경오염 및 노동을 단지 경제적 생산 노동으로 보는 것이(커뮤니케이션, 예술적 창조성 및 보건 전문직과 같은 인간 노동의 다른 형태들을 잊어버리고) 결코 우연이 아니라 구조적임을 자각해야 한다. 기술적 이념의 결과, 물질적 번영의 성장이 계속되어 더 개인주의적이고 자기파괴적인 사회로 나아갈 것이다.

또한 일방적이고 물질적이며 대규모의 정치적인 틀로 기우려는 경향이 기술이념의 문맥에서 이해되어야 한다. 그리고 국제정치학은 흔히 기술적 제국주의의 영향을 깊이 받는다.

너무 비관적인 시나리오인가? 시간이 답해줄 것이다.

기술적 명령은 큰 파란을 낳는다

기술이념의 영향으로 기술적 발전의 가장 주된 규범적 가치는 **기술적 완전** 및 **기술적 명령**이다. 만들 수 있는 것은 만들어야 한다! 우리 문화는 따라서 변화의 역동적 과정으로 접어들었으며 우리를 기술적 낙원으로 인도한다고 하지만, 실제로는 재앙적 발전에 직면하게 만든다.

가령 일반적인 직업을 생각해보자. 새로운 기술 가능성들을 통해 노동생산성을 높이려는 것은 육체적으로 또는 정신적으로 요구 사항들을 충족시킬 수 없는 많은 사람들을 인간적 비극으로 몰아간다. 이들은 경쟁에서 도태되어 무능하며 아픈 사람으로 낙인찍힌다. 기술적 문화는 흡연이 암을 키우듯 탈진burn out을 야기한다. 첨단기술 사회는 고등교육을 받은 수준 높은 피고용인을 요구하는데, 이들은 지속적인 신기술의 진보로 인해 늘 새로운 상황에 적응해야만 한다. 고등교육을 받지 못한 사람들은 실업자로 남고, 고등교육을 받은 사람들도 실업자가 될 수 있다는 압박에 시달린다. 은행업이 이 부분에서 매우 좋은 사례다.

서양에서 이런 식으로 발전하면 제3세계에서의 빈곤과 기아를 가중시킨다는 점을 잊어서는 안 된다. 서양에서의(부유한 동양 나라들도 포함해서) 기술적인 진보 및 경제적 성장은 이기적이며 부를 전 세계의 가난한 사람들과 나누는 의무를 무시하기 때문이다. 만약 제2세계(이전의 동구권 국가들) 및 제3세계가 마침내 서양 및 부유한 동양 나라들 수준으로 성장해 동일한 번영을 누린다면(누가 그 권리를 부정할 수 있겠는가?) 기술 문화의 해로운 영향은 전 세계적으로 재앙이 될 것이다. 정말 지구의 미래는 위험에 처해 있다고 말해도 과언이 아니다.

문제의 깊이와 유럽

우리 나름대로 시도하는 **총체적인 사회 비판**architectonic social criticism(카이퍼의 용어)은 우리 스스로 주변의 기술 사회에 적응하려고 시도하는 것에서 시작되어야 한다. 과학과 기술의 무비판적 연결로 우리는 논리적이고 냉혹한 결과들에 직면해 있다. 현대 기술의 발전들은 강박적이고, 스케일이 거대하며, 보편적이고, 환원적이며, 사회적인 수준에 따라 일차원적이고 비인격적이다. 인간은 큰 기계의 톱니바퀴가 되었으며 인격을 박탈당하고 서로 소외되었다. 그 최종 결과는 합리적이고 비즈니스적이며 효과적으로 보이지만, 사실상 차갑고 황량한 문화로 마음이 없는 상태다. 과학 기술의 지배는 하나의 터널 비전을 가져왔으며 과학, 경제 및 정치학에 큰 규모를 지향하는 경향을 낳았다.

최근 유럽이 연합하기 위해 노력하는 것도 이 사실을 분명히 보여준다. 가끔 '불가항력적인 기술적 진보의 힘'이 이런 통합을 불가피하게 한다는 주장도 있다. 그러나 기술적으로 그리고 경제적으로 강력하게 통일된 유럽은 사회 문제들을 감소시키기보다는 더 증가시킬 것으로 보인다.

나는 통합된 유럽이 동료 시민들을 섬기는 희생적 봉사에 우선을 두고 공적 정의를 진흥시키는 데 헌신해야 한다고 믿는다. 더 이상 황금이나 유토피아적인 기술 문화를 추구하지 말고 정치의 우선순위를 급진적으로 재조정해야 한다.

수정된 문화명령

우리 그리스도인들은 성경의 문화명령을 재검토해야 한다. 하나님께서는 아담과 하와에게 이렇게 말씀하셨다. "생육하고 번성하여 땅에 충만하여라. 땅을 정복하여라. 바다의 고기와 공중의 새와 땅 위에서 살아 움직이는 모든 생물을 다스려라"(창1:28). 우리가 이런 문화명령을 하나님의 영광을 위해서라고 말하면서, 부익부 빈익빈 형태의 현대 경제 패턴을 거부하지 않고, 기술에 대해 비판적인 반성을 무시한다면, 우리는 우리 시대에 악의적인 분위기에 감염될 위기에 처할 것이다.

창세기가 우리에게 기술적 암시와 함께 문화명령을 가르치는 것은 분명하다. 그러나 동시에 성경은 여러 곳에서 기술적 발전들이 인간을 하나님으로부터 멀어지게 할 수 있다는 점 또한 경고한다. 카인의 이야기, 라멕 세대, 바벨탑 건설 및 느부갓네살 등으로부터 배워야 하는 것이다. 성경의 마지막 책인 요한계시록에서 바벨론의 부상에 대한 예언도 매우 분명한 사례다.

우리는 문화명령을 성경 전체적인 맥락에서 보아야 한다. 가령 솔로몬 왕은 지혜와 그 지혜로 살아가는 삶을 구하는 기도를 드렸다.

> 레바논에 있는 백향목으로부터 벽에 붙어서 사는 우슬초에 이르기까지, 모든 초목을 놓고 논할 수 있었고, 짐승과 새와 기어다니

는 것과 물고기를 두고서도 가릴 것 없이 논할 수 있었다(왕상 4:33).

여기서 우리는 솔로몬이 동물에 관해 말하면서 정복하지 않고도 그 동물에 **관해서** 그리고 그 동물**로부터** 배울 수 있음을 보게된다. 우리가 잠언에서 규칙적으로 볼 수 있는 이것은 과거에는 간과했던 문화명령의 다른 면이다. 시편 148편 또한 우리가 문화명령을 단지 '정복'하고 '발전'시킴으로, 기술적 사고로만 연결하는 것을 넘어 다른 음악적 교훈을 준다. "하늘과 땅이여, 주님을 찬양하라!" 성경에 계속해서 나타나는 바와 같이, 주님을 찬양함이 없는 문화명령은 성경적이지 않다.

나아가 우리는 아브라함이 모든 믿는 자의 아버지로서 본질적으로는 순례자였음을 본다. 아브라함은 "하나님께서 설계하시고 세우실 튼튼한 기초를 가진 도시를 바랐던 것이다"(히 11:10). 이런 삶의 방식 및 사고는 우리의 순례자 됨에 있어 네덜란드의 그리스도인들에게 문화명령과 거의 연결되어 있지 않다.

놀랍게도, 우리 주님께서도 제2의 아담으로서, 마태복음 4장에 따르면, 세상의 모든 영광을 자신의 것으로 만들기 위해 사탄에게 경배하라는 유혹을 물리치는 것을 볼 수 있다. 이것은 문화명령에 대한 우리의 비전을 근본적으로 수정하게 한다. 왜냐하면 주님의 태도는, 문화명령이 우리가 세상을 정복하고 다스리기 위해서는 착취도 허용한다는 일반적인 생각과는 날카로운 대조를 이루기 때문이다. 이 예수님이 바로 "우리 믿음의 창시자요 완성자"(히 12:2)로 우리를 위해 십자가를 지심으로 문화의 모든 목적을 성취하신 분이 아닌가? 우리 그리스도인들이 믿음의 창시자요 완성자이신 그분을 따라가면서 십자가를 지는 것은 무엇을 의미하는가? 이것이 오히려 문화명령의 핵심이 아닐까? 모든 문화적 활동은 따라서 믿음으로 그리스도를 따라가는 헌신의 뿌리가 아닌가?

역사에서의 문화명령
—

문화명령에 관해 역사적인 질문들이 중요하다. 가령 창세기에 나오는 문화명령이 개신교 그리스도인들에게는 잘 이해되고 있다. 그런데 왜 유대인들은 기술적 발전을 정당화하기 위해 사용하지 않는가? 성경을 보면 유대인들은 성전을 건축하기 위해 주변의 민족들이 가진 기술에 의존했다. 학자들은 서양의 기술적 진보가 자연과학의 발전과 함께 이루어졌으나 이것이 유대교에 기원하기보다는 이집트와 바빌론 문화로부터 온 것이라고 지적한다.

서양의 그리스도인들이 문화명령을 개념화하면서 반기독교적 계몽주의 사상으로부터 영향을 받은 것으로 보인다. 과학과 기술적 적용을 통한 제어와 지배를 추구하면서 인간의 자율성을 그 핵심적인 현상으로 만든 것이다.

신약에 나타난 문화명령

신약은 이 세상과 노동의 중요성(기술의 중요성도 포함해서)을 간과하지 않지만(계 21:24 / 딤전 4:4-5), 그리스도 안에서 이미 왔고 또한 미래에 완성될 하나님나라의 의를 먼저 구할 것을 우리에게 요구한다. 따라서 우리는 우리의 십자가를 지고 '육체의 일들'을 부인해야 한다.

> 위에 있는 것들을 추구하십시오(골 3:1).
> 너희의 재물이 있는 곳에 너희의 마음도 있을 것이다(눅 12:34).
> 사람이 온 세상(현대에는 기술이념의 목적일 것이다)을 얻고도 제 목숨을 잃으면, 무슨 이득이 있겠느냐?(막 8:36)
> 보물을 땅에다가 쌓아두지 말아라(마 6:19).
> 여러분은 이 시대의 풍조를 본받지 말고…(롬 12:2).
> 사실, 우리에게는 이 땅 위에 영원한 도시가 없고, 우리는 장차 올 도시를 찾고 있습니다(히 13:14).
> …… (Schuurman, 1989)

그리스도를 통해 신적 세계와 인간의 세계가 연결되는 것이(오직 은혜로!) 우리의 문화명령을 결정하는 것이다. 하나님의 사랑에 감격해 우리는 세속화되고 기술적인 문화에 등을 돌리고 우리 주변 및 멀리 있는 이웃을 문화적 맥락에서 사랑으로 섬기는 것을 추구해야 한다.

문화의 목적은 하나님의 나라

이것은 삶의 모든 차원에서 책임지는 청지기 됨의 기초를 제공한다. 문화와 자연의 신을 경배하는 것을 반대하고 물질주의에 저항하면서 그리스도인들은 하나님께 순종해야 한다. 이렇게 할 때 기술적 발전 및 경제는 진보와 성장을 신뢰하는 것으로부터 자유로워진다. 그리스도인들은 다양하지만 쉽지 않은 작은 규모의 사랑, 공의, 섬김, 자기부인, 희생, 자비 및 감사를 추구해야 한다. 이것들이야말로 현대의 기술적 세계관(효율성, 효과성 및 제어에 주된 관심이 있는)의 어휘에는 속하지 않는 핵심 단어들이다. 이 단어들은 우리에게 기술이념, 기술적 완전함의 이상, 기술적 명령 그리고 기술적 제국주의로부터 등을 돌리도록 요청한다.

이런 '회심'은 우리더러 기술을 전혀 사용하지 말라는 뜻은 아니다. 우리는 그 가운데서, 그 기술을 통해 살고 있다. 솔직히 말해 우리는 기술 없이는 살 수 없다. 하지만 우리는 그 기술에 마음을 주어서는 안 되며 그것을 **위해** 살아서도 안 된다.

우리 시대의 방향을 새롭게 바꿀 수 있을까? 하나님의 도우심으로 우리는 노력해야 한다. 사람들이 하나님나라의 영원한 관점에서 살기 시작하면 하나님께서는 축복을 약속하신다. 후자가 사실이라면, 우리는 기술적 진보에도 정당하고 올바른 위치를 부여할 수 있다. 우리는 실재와 사물의 본질에 대한 깊은 의미가 연결됨을 알 수 있다.

우리의 정치적 책임

실제 생활에서 몇 가지 예를 들어보자.

네덜란드 정치계가 환경 문제들을 어떻게 다뤄왔는지 살펴보자.[2] 일반적으로 네덜란드의 정치인들은 새로운 기술적 노하우가 우리를 도울 수 있다고 믿기 시작했다. 그러나 기술적 수단들 가운데 일부는 환경 문제들을 해결하는 데 효과가 있었지만, 새로운 기술을 적용함에 있어 그 범위의 강도, 역동성 및 확장은 자주 더 큰 부작용을 낳았다.

이것은 네덜란드의 주요 산업인 보다 깨끗한 그린하우스 농업을 장려하는 경우에 나타난다. 농부 개인은 그가 보다 깨끗한 생산 방식을 사용하면 환경 문제를 해결하는 데 도움이 될 것으로 생각할 것이다. 하지만 우리가 소규모에서 대규모로 이 분야의 흐름을 분석해보면, 석탄이나 천연가스 같은 에너지를 사용해 더 큰 온실에 난방을 할 경우 환경에 부정적인 영향들이 계속 있음을 볼 수 있다.

전기자동차도 마찬가지다. 자동차 자체는 배기가스가 없지만 그 전기를 제공하는 화석연료 에너지 발전소는 그렇지 않다. 원자력발전소의 경우, 환경에 대한 다른 실제적 위험들이 존재한다. 현재 비료를 사용 가능한 메탄으로 바꾸는 기술에서도 우리는 다른 위험을 본다. 토양 및 수질 오염은 감소하지만 동물들을 단지 물건처럼 조작하는 악은 그대로 남아 있다.

지금까지 많은 정치인들은 지속 가능성을 우선순위로 말해왔지만 네덜란드에서 실제로 이루어진 것은 별로 없다. 우리가 현대 문화의 흐름을 바꾸지 않는다면, 세상을 새롭게 보는 회심이 없다면, 지속 가능성은 신비로운 개념으로 남아 있을 것이다.

그러므로 우리는 회심해야 하며, 근본적인 방식으로 우리 자신을 새롭게 정립해야 한다. 우리 문화의 역동적인 속도를 늦추고 안정화시키면 지금 피상적이고 반생산적인 것으로 보이는 많은 기술들은 폐기될 것이다. 기술적인 발전은 자율적으로 기능하도록 내버려두면 안 된다. 그것은 인간을 도와주는 도구로, 인간과 피조물 그리고 궁극적으로 하나님을 섬기는 수단으로만 허용되어야 할 것이다.

사물의 진정한 대가

—

네덜란드인들은 비용에 대해 민감하기로 악명이 높다. 그러나 이것이 실제로 어떻게 적용되는가? 네덜란드에서 사람 및 화물 수송을 위해 고속도로를 확장하고 이를 위해 더 많은 아스팔트를 까는 과정에서 자연을 더 손상시킨다. 내 의견으로는, 화물 수송은 지하로 하는 것이 훨씬 나을 것이다. 가령 새로운 지하도로를 통하거나 또는 기존의 고속도로 밑으로 가게 하는 것이다. 처음에 투자하는 비용은 많지만 결국 개인들의 소비주의는 감소할 것이며, 새롭고 건강한 역동적 경제를 창조할 수 있을 것이다. 내가 꿈 같은 이야기를 하고 있는 것인가?

아이러니하게도 우리의 기술적 적용은, 사실 장기적으로 환경과 사회에 피해를 주고 값비싼 영향을 미치는 것에 비하면, 처음에 **너무나 적은** 비용이 들어간다. 보다 안전하고 사려 깊은 형태의 기술을 위해 더 많은 비용을 지불하는 것이 결국은 더 저렴한 것이다.

기술이념에 주의를 기울이지 않은 채 새로운 경제질서와 관련된 이슈들을 새롭게 평가하는 것은 실패할 수밖에 없다. 우리는 제품의 생산 및 에너지 소비, 원자재, 오염 및 생태계에 미치는 장기적인 영향을 고려해야만 한다. 물질주의적 경제라는 터널 비전에 대항해 우리는 나무들이 중요한 '나무 경제'로 이동해야 한다. 이 용어는 경제학 교수였던 보프 하웃즈바르트Bob Goudzwaard로부터 유래되었다. 이런 이미지는 성장에 대한 여지를 남겨두면서도 생태계적 우선순위를 나타내는 것이며, 그 성장의 열매들이 보다 균형 잡히고 비례적이며 진정 지속 가능함을 확신시킨다.

슈마허는 여전히 유효하다

나는 여전히 저명한 경제학자 슈마허E .F. Schumacher(1911~1977)에 전적으로 동의한다(1973 / 1977). 하나님과 이웃 그리고 하나님의 피조물을 사랑하기 때문에 우리는 기술 발전에 대해 **윤리적 접근**을 시도해야 한다. 이런 윤리적 접근의 기본은 **창조 및 구속의 질서 간 연결성을 정의 개념으로** 이해하는 것이다. 이 질서는 하나님의 질서다. 자신에 대한 방향 설정이 더 이상 인간 중심이어서는 안 되며 하나님 중심이어야 한다. 이런 신적 질서 내에서 살고 건설하는 것은 모든 사람들이 구현해야 하는 다양한 규범에 빛을 비춘다(Strijbos, 1988 / Schuurman, 1990).

이렇게 빛을 비춘 윤리적 틀은 건강한 방식으로 정보기술, 생명기술, 유전자 수정 및 나노기술의 발전을 제한할 것이다. 사실 산업, 농업, 교육, 보건 등 책임 있는 기술적 발전이 필요한 분야에서는 모든 문제를 단번에 해결할 수는 없다. 그러나 창조에 대한 지배를 원하는 과학기술적 교만으로 인해 생긴 문제들이 현재의 상황만큼 쉽게 통제를 벗어나지는 않을 것이다.

만약 이런 새로운 접근이 실현된다면 어느 정도는 문화의 발전이 좀 더 안정적이고 지속 가능하게 될 것이다. 우리의 모든 이웃(멀리 있는 이웃들도 포함해) 및 지구 자체도 혜택을 누리게 될 것이다. 가장 깊은 수준에서 우리는 하나님의 영광을 위해 살 수 있을 것이며, 그와 함께 교제하게 될 것이다.

이런 위대한 목표가 우리의 지속적인 동력이며 동인이 되어야 한다. 우리는 그분이 재림하실 때, 그리스도 안에서 그분을 통해 만물이 회복되는 그 위대한 날이 동터올 때까지 기도하며 노력해야 한다.

3 신앙, 과학 및 기술 갈등전선의 이동[1]

신앙과 학문의 관계는 당연하게도 오랫동안 기독교 대학의 학생들이 많은 관심을 보여온 주제다. 이 주제에 대한 논의는 수세기에 걸쳐 상당한 연속성을 보이기도 하지만, 서양 기독교 역사에서 새로운 측면도 많이 제기되었다. 이는 과학적 사고가 서양에서는 위대한, 가끔은 혁명적인 성취를 이뤘고, 특별히 과학의 배후에서 큰 영향을 미친 서양 철학이 전반적으로 종교, 그중에서도 기독교 신앙에 대해 등을 돌렸기 때문이다.

역사적으로 볼 때, 신앙과 기술의 관계보다는 신앙과 (자연)과학의 관계에 대해 더 많은 관심이 주어졌다. 사람들은 신앙과 기술의 관계는 신앙과 학문이라는 일반적인 문제의 범주 아래 속하는 것처럼 생각한다. 그러나 매우 중요한 차이점들이 있다.

많은 그리스도인 학자들은 대학에서 일한다. 이것은 오늘날 분명한 사실이다. 네덜란드의 대학교에서 기독교적 배경을 가진 교수들과 강사들이 지금만큼 많이 일했던 적은 아마 없을 것이다. 그리고 예외적인 경우가 없지는 않지만, 이런 지위에 있는 그리스도인들은 과거처럼 대규모로 교회를 떠나지도 않는다.

그러나 동시에 우리 문화가 기술적이고 경제적인 발전에 의해 영향을 받는 만큼 세속화된 적도 없다. 학생들을 포함한 많은 이들이 교회를 떠났으며 교회는 점점 더 소외되고 있다.

우리 그리스도인들은 이렇게 변하고 있는 갈등의 국면에 대처하고 있는가? 우리는 새로운 상황에 대해 충분히 깨어 있는가? 나는 신앙과 학문의 이슈가 우리 기술 시대의 도전에 답변함으로써 보완되어야 한다고 믿는다.

자연과학 대 기독교 신앙

네덜란드에서 그리고 서양에서(동양에서도 마찬가지지만) 일반적으로 자연과학의 성취는 매우 높은 평가를 받았다. 이런 과학이야말로 진리를 독점하며 이것이 문화 형성의 열쇠이고 우리의 모든 문제를 해결할 잠재력을 가지고 있다고 주장했다. 과학이 진리를 독점한다는 주장은 항상 기독교 신앙 및 다른 종교적 확신들과 충돌해왔다. 현재 서양에서 과학에 대한 지배적인 관점은 모든 것을 물질적이고 수학적인 기초에서 설명할 수 있다는 것이다.

이렇게 보편적으로 수용되는 입장에 의하면, 하나님 그분의 계시 및 그분에 관한 진술들은 과학 및 철학적 기준에서 배제된다. 그분의 존재에 대한 증거가 없는 반면, 생명체의 고통은 그분이 존재하지 않는다는 충분한 증거라고 본다. 많은 과학자들과 학자들은 학문에서 하나님의 자리는 볼 수 없다고 공개적으로 확신을 표한다. 심지어 대학교의 신학부에서도 죽은 몸은 과학적으로 다시 살아날 수 없기 때문에 그리스도께서 죽은 자 가운데서 부활하신 것을 배척한다.

빅뱅과 진화

—

사람들은 거의 만장일치로 우주 만물의 기원은 비인격적이고 임의적인 사건이며 어떤 궁극적인 목적이나 의미가 없는 빅뱅에 의해 설명될 수 있다는 이론을 지지한다. 전형적인 빅뱅 주창자들은 약 100억 년 내지 200억 년 전에 엄청난 폭발이 어떤 (공간 및 시간 자체도) 알려지지 않은 (비인격적인) 에너지 형태로부터 모든 우주의 물질과 에너지를 낳았다고 믿는다. 그렇다면 명백한 것은, 신앙과 자연과학의 관계에 대한 문제도 우주의 기원, 역사적 출현과 발전에 관한 질문에 초점을 맞춰야 한다는 것이다.

지구의 생명체에 관한 한 다윈의 종의 기원에 관한 이론이 지배적인데, 그에 의하면 모든 종류의 생명체는 단순히 우연과 무자비한 경쟁의 시간이 지난 결과로 나타났다. 이런 진화론적 영이 학계에 침투하고 있다.

모든 그리스도인들은 우리의 문화에서 이런 지배적이고 포괄적이며 무관용적인 기원론에 직면해야 한다. 나는 표준적인 빅뱅 이론 및 다윈의 진화론을 '명확히 하는 것'으로 이 주제에 대한 논의가 마무리되는 것은 전혀 아니라고 생각한다. 오히려 나는 우리가 이런 논의에서 드러나는 자연과학에 대한 형이상학적 과대평가에 주목해야 한다고 믿는다. 선험적으로 또는 결론에서 하나님을 배제하는 것은 자연과학적 범주 및 방법을 넘어서는 것이다.

갈릴레오에게서 배울 것

다른 한편으로, 그리스도인들은 신앙과 자연과학의 관계에 접근할 때 좀 더 긴장을 풀고 열린 마음으로 임하는 것이 좋다고 생각한다.

역사를 돌아보면 갈릴레오의 입장은 매우 강해서 우리 태양계에 관한 이론을 뒷받침하는 경험적 증거를 추구했다. 그가 관찰 가능한 현상에 근거해 지구가 태양을 돈다고 결론 내린 것은 옳았다. 우리는 이런 갈릴레오의 사례를 통해 과학하는 그리스도인으로서의 자세를 많이 배울 수 있다.

진화론과 과학적 창조론

—

우리가 진화론과 진화주의에 관해 말할 때 우리는 무엇을 말하고 있는가? 우리는 종 간의 소진화는 관찰할 수 있다. 반면 우리는 사변적인 진화적 생각 그리고 진화론을 자연주의라는 세계관에 대한 신앙으로 표현하는 것에 대해서는 정당하게 반대할 수 있다. 자연주의적 진화론은 전능하사 천지를 만드신 하나님을 받아들일 여지가 없다. 따라서 진화론은 하나의 세계관이며 과학적인 이론의 형이상학으로 비약하는 것이다.

만약 우리가 창조와 창조주 하나님을 믿는다고 한다면 우리는 매우 쉽게 소망 없는 구식 **창조론자들**로 낙인찍힐 것이다. 그렇다고 진화론에 반대해 너무 쉽게 '젊은 지구'를 주장하는 소위 **과학적 창조론**에 헌신해서도 안 된다. 이것은 하나의 이론적 접근으로서 성경적 자료의 신뢰성에 기반을 둔 것이며, 과학적 창조 모델을 발전시키려고 노력한다. 다윈의 진화론의 배후에는 내가 보기에 인간의 사고 능력에 대한 과대평가가 있다. 그러나 성경의 데이터를 수용하면서 이런 절대화하는 사고를 계속하게 될 경우, 과학적 창조론도 **뻔뻔스러운** 이론화의 위험에 빠지게 된다.

자연과학을 하는 과정에서 가정들과 전제들에 대해서는 근본적인 질문들을 던져야 한다. 그리고 너무나 자신만만한 주장들에 대해서도 정당하게 의심할 수 있어야 한다. 과학자들은 항상 **비판적인** 학자들이라고 불렸다. 그들은 항상 실제적으로 비판적이지는 않았다. 서양의 합리주의적 정신(자연과학이 절대화되고 존중되는)은 자신을 최근 몇 세기 동안 최상의 존재로 인식해왔다. 사람들은 과학이 완전히 객관적이고 가치중립적으로 이루어질 수 있다고 생각했다. 과학은 종교, 신앙 또는 철학적 관점과는 독립적으로 발전할 수 있을 것으로 간주되었다.

이와 반대로, 그리스도인들은 과학과 학문적인 활동에 관여하면서 그들의 신앙적 전제에 대해 의식하고 있었다. 그러나 그들도 사고 자체를 절대화하는 것은 조심해야 한다는 사실을 제대로 인식하지 못하고 있었다. 진화론 및 과학적 창조론 둘 다 자신의 한계를 인정하지 않는 교만한 생각에서 출발해 진행되고 있는 것이 명백해 보인다. **과학적** 창조론은 (다른 말로 하면) 우리가 피조된 실제의 핵심 및 그 역사적 출현까지 파고들어갈 수 있으며 그것을 적절히 설명할 수 있다고 믿는 것 같다. 사실 이것은 창조의 기적 같은 특성 및 창조주의 위대하심과 전능하심을 올바르게 다루는 것이 아니다. 그리스도인들이 대학에서 공부할 때 이런 부분에 대해서는 억지로 부적절한 답변을 찾기보다는 답변 불가능한 상태로 남겨두는 게 나을 것이다.

신비를 위한 공간, 기적을 위한 여유

기독교 학자들은 과학의 전제들이 가진 상대성에 관해 민감함으로써, 그리고 하나님의 피조계가 가진 신비로운 특성을 존중함으로써 교만해지는 경향을 예방할 수 있다. 그러면 학문과 영적 열매가 함께 갈 수 있다. 그러면 과학자는 자신이 충분히 이해할 수 없는 비밀들이 있다는 사실을 인식할 수 있다. 이런 과정은 판 데 뵈컬A. Van de Beukel 교수의 책《사물들은 나름의 비밀을 가지고 있다 Dingen hebben hun geheim》에 아름답게 기술되어 있다.

창조는 인간의 생각에 의해 충분히 그리고 최종적으로 설명될 수 없다. 과학적 그리고 학문적 지식은 **제한된** 지식이다. 많은 과학자들 및 학문적인 연구자들은 환원주의자들이며 창조에 있는 기적적인 실재들에 대해 눈을 감는다. 그리고 그들은 성경에 나타난 기적들을 배척한다. 사실 자연과학은 그 구조 자체가 특별한 하나의 학문 분야로, 이러한 기적들에 대해서는 가부간에 말할 수 없다. (자연)과학적 지식은 추상적이며 보편적인 지식이다. 기적은 하나님의 특별한 행동과 관련 있지, 일정한 물리적 법칙과는 상관없는 독특한 사건들이다. 창조의 **기적**은 하나님의 말씀에 나타나 있으며 오직 **신앙**으로 이해된다. 우리를 둘러싼 창조의 아름다움과 놀라움은 열려 있으며, 완전하게는 아니더라도 탐구할 수 있다. 따라서 과학과 학문적 사고는 그 자체의 한계를 잊어서는 안 된다!

이제 신앙과 학문의 관계에 제시된 여러 모델들을 살펴보자.

'학문들의 왕관'인 신앙

＿

학문과 신앙의 관계에서 첫 번째 제시된 해결책은 중세 서양의 모델로, 현대적 모델과는 다른 '학문들의 왕관'이라는 관점이다. 철학과 과학에 대한 현대적 관점은 기독교 신앙과 독립적으로(자연의 영역에 속해 있는 존재라고 본다) 수용되지만, 은혜의 영역에 있는 신앙에 의해 '왕관으로 씌움을 받는다'는 것이다. 토마스 아퀴나스의 개념에 의하면, 중세 시대에 신앙은 신학과 동일시되었다. 실제로 이런 해결책은 두 개의 별개 신앙에서 나온 개념을 종합한 것이다. 신앙은 자율적이고 자기충족적인 학문을 기독교 신앙으로 둘러싸 신학을 만들어낸다. 이런 개념에서 신학은 학문의 여왕이라고 불렸던 것이다.

교회의 위계질서라는 능력에 의해 이런 두 종류의 지식(자연과학과 신학)이 종합된 긴장은 상당히 오랫동안 지속되었다. 교회는 신학의 도움을 받아 논쟁거리들에 대해 최종 결정을 내렸다. 갈릴레오를 둘러싼 갈등에 대한 해결책이 가장 좋은 예다. 교회는 결국 받아들일 수 없는 천동설을 주장했는데, 불행하게도 이런 실수는 지금까지도 교회의 명성에 큰 손해를 끼치고 있다.

로마 천주교 전통에서 '학문의 여왕으로서 신학' 모델은 여전히 유효하다. 이런 자연과 은혜의 종합은 상당한 기간 동안 지속되었다. 아마도 교회의 위계질서가 이것을 보장해온 것으로 보인다. 천주교 내에서도 이에 대한 지지가 감소했다는 사실도 아직까지는 교회 내에 큰 변화를 만들어내지는 못하고 있다.

학문을 보완하는 신앙

━

개신교 전통에서도 이런 종합적이고 이층구조적인 사고가 발견된다. 개신교 내에서도 신학은 학문의 여왕으로서 과학적인 이슈들에 대해 최종적인 권위를 가졌다. 물론 교회적 권력이 부족해 이런 종합이 매우 다른 형태를 띠게 되었지만, 이런 종합 자체는 매우 중요하게 남아 있었다. 많은 개신교 학자들은 별다른 비판 없이 이런 중립적인 '학문관'을 받아들이는 경향이 있으며, 이것을 개인적인 신앙으로 보충한다. 가령 과학적 진화론이 많은 사람들에게는 피할 수 없는 대세로 보인다. 사람들은 그들의 학문 분야에서 이런 관점으로 일하지만, 신앙인으로서 그들은 동시에 하나님께서 만물을 창조하셨다는 신앙을 견지한다.

'증거'의 의미로서 '보완'하는 것은 분명히 진지하긴 하지만, 내가 보기에 이런 입장은 근본적인 약점을 가지고 있다. 여기에는 신앙과 학문을 **통합하려는** 진정한 노력이 없다. 신앙을 전하는 것을 '불신앙적' 학문 또는 이론관 위에 '소스'처럼 덮는 것은 설득력이 약하다. 우리가 본 바와 같이, 과학적 진화론은 자연주의를 기반으로 하면서 **신앙적** 헌신을 가지고 있기 때문에, 이런 접근은 신앙에 대한 정당한 대접이 아니다. 철학적이고 학문적인 사고는 기독교 신앙의 관점 바깥에서 전체적으로 그리고 처음부터 발전되었다. 기독교 신앙 또는 신학을 과학 및 학문적 지식의 건물 위에 이층구조로 덧붙이는 것은 단지 틈새를 막는 땜질에 불과하다. 이런 여왕은 사실 벌거숭이 임금님이다!

학문과 신앙은 두 개의 다른 세상이다

—

'학문의 여왕으로서 신학'이라는 입장 및 그와 비슷한 종류로 '과학에 덧붙여진 증거로서의 신앙'적 접근에 이어 학문과 신앙을 완전히 분리된 독립 영역으로 보는 대중적 입장이 있다. 이런 관점은 이층구조가 아니라 서로 떨어져 있는 독립된 건물인 셈이다. 이런 입장을 견지하는 사상가들은 학문과 신앙을 **두 개의 독립된 삶의 영역**으로 이해한다. 학문 세계 옆에 기독교 신앙의 세계가 있다는 것이다.

불행하게도 이런 사고방식은 우리 그리스도인의 삶을 전체적으로 특징짓고 있다. 이런 분리는 경제 및 정치적인 영역 그리고 일상생활에서도 항상 일어나고 있다. 우리는 스스로 '그리스도인'이라고 생각하는 특정한 날 또는 특정한 활동을 예약하고, 나머지 시간이나 활동들에서는 기독교 신앙과 아무런 관계가 없다. 이런 면에서 기독교 신앙은 효과적으로 **사유화되었다.**

이런 분립은 기독교 학자들에게 두 세계를 두 개의 진리 기준으로 살고 있으며 그 뿌리에서 양자는 갈등을 일으킴을 의미한다. 학문적 연구의 진리는 기독교 신앙의 진리에 **반해서** 존재한다. 서양 역사에 대한 개관을 가진 사람이라면 누구든지 이런 갈등 상황에서 자주 학문을 (더 낫게 말하면) (자연)과학에 대한 **신앙**을 더 선호했다. 왜냐하면 우리는 현대 과학 및 학문적 판단의 지배에 따라 논리적이고 권위적이며 필요하고 불가피한 증거에 근거한 확실성을 추구하고 있기 때문이다.

신앙과 학문적 연구의 분리에 관한 분명한 사례는 가장 오래된 네덜란드 대학교들에서 볼 수 있다. 그들은 모두 개신교 대학으로 시작했다. 현재 이 대학들은 인본주의와 비기독교적 사고의 아성이 되었다. 서양 철학이 주가 되어 중세 이후 인간의 자율성이라는 이념을 그 중심 추진력으로 삼고 있다. 그리고 이런 우상숭배적 능력을 가진 철학은 모든 학문 분야(수학에서 신학까지)의 배경에서 영향을 미치고 있다.

라플라스Laplace는 수학자로서 우리가 궁극적으로는 수학에 의해 미래도 예측할 수 있다고 믿었다. 그리고 신학자 루돌프 불트만Rudolf Bultmann은 자연과학의 기초에서 하나님은 기적 또는 심지어 자신의 아들 예수 그리스도에 의해서도 기존의 질서를 깨뜨리지 않는다고 주장했다. 이런 과학 및 학문적 연구 작업의 세속화는 학문의 막강한 문화적 능력을 통해 모든 문화도 세속화시켰다. 기독교 신앙으로부터 분리된 학문은 더 이상 갈 곳이 없어졌다. '여왕'은 집을 떠나버린 것이다!

근본주의적 사고

—

신앙과 학문의 관계에 관한 세 번째 입장은 '근본주의적 사고' 다. 이는 그리스도인들이 처음부터 신앙과 학문을 통합해야 한다는 입장이다. 그리스도인의 원리가 대학에서 과학과 학문적 연구의 기초를 형성하는 것으로 보는 것이다.

이런 관점은 매우 매력적으로 보인다. 그럼에도 불구하고 여기에도 내가 보기에 몇 가지 문제가 있다. 가령 여기서 원리란 정확히 무엇인가? 이것이 진정 기초적인가? 하나님의 말씀 계시를 과학적이고 학문적인 원리로 번역하는 것은 그리 쉬운 일이 아니다. 여러분이 알기도 전에 사실 여러분은 어떤 출발점을 선택했으며, 모든 것이 그에 의존한다.

역사적으로 그런 일이 암스테르담의 자유대학교에서 일어났다. 과학 및 학문적 연구를 수행하는 성경적 또는 개혁주의적 원리들을 분명히 규명하고자 했으나, 이 원리들이 나중에는 의문시되고 심지어 실제적으로는 유지할 수 없게 되고 말았던 것이다. 이런 접근 때문에 대학 수준에서의 기독교적 과학 및 학문적 노력들의 이상은 결국 네덜란드에서 전반적으로 폐기되었다.

더 나은 대안

―

과학 및 학문적 연구의 기독교적 기초가 가진 특별한 성격에 대해 더 많은 주의를 기울였으면 훨씬 좋았을 것이다. 물론 기초를 형성하는 데 있어 **생각**이야말로 매개적 행위이며, 우리는 이런 생각의 수단으로 기초를 놓아야 한다고 말할 수 있다. 그렇다면 생각과 신앙의 관계는 무엇인가?

우리는 자칫 신앙을 어떤 정적인 것으로 간주해, 어떤 문장들과 규칙들로 형성되어야 하며 그 결과 이 신앙을 따르는 생각은 건전한 것이라고 간주할 위험이 있다. 달리 말해, 우리는 전제에 집중함으로써 기독교적 과학 및 학문 활동과 비기독교적 과학 및 학문 활동 간에 차이가 있다고 믿는 것이다. 내가 보기에는 전제의 수준에서 우리는 기본적 차이를 **보긴 하지만** 여전히 도전이 남아 있다. 그렇다면 원칙을 형성하는 것과 동시에 그 기초에서 따라야 할 생각 모두에서 생각과 연구를 위한 신앙의 결과는 무엇인가?

이 장의 앞부분에서 나는 과학적 진화론 및 과학적 창조론이 그 전제가 다르긴 해도 둘 다 과학적 이론이 성취할 수 있는 것이 무엇인가에 대한 사전적 생각이 있음을 분명히 했다. 둘 다 열매 없는, '근본주의적' 경향을 가지고 있다.

신앙이 생각을 규정한다

신앙과 학문의 이슈 자체가 잘못 형성되었음을 나는 점점 더 분명히 본다. 이것은 신앙과 학문 자체의 관계에 관한 이슈가 아니라, 기독교 세계관을 통해 어떤 특정한 학문관을 가진 **기독교 신앙과 현재 인정된 학문 이론들을 신뢰하는 신앙** 간의 대조다. 신앙과 생각은 항상 서로 연결된다. 문제는 **어떤 신앙이 생각을 인도하는가**다.

서양 문화에서 **두 믿음** 간의 대치는 장기간 계속되어왔다. 기독교 과학자들 및 학자들 그리고 기독교 대학생들은 지속적으로 이 주제를 다뤄왔다. 그들은 이 상황에서 나름대로의 입장을 설정하려고 노력했다. 자주 (대부분 무의식적으로 그리고 좋은 신앙으로) 그들은 종합 대안들 중 하나를 선택했다. 그러나 그런 종합은 결코 끝이 아니다. 그 종합 안에서도 신앙적 헌신 간의 대치는 계속되고 있으며, 무신론적 과학에 대한 신앙적 헌신이 기독교 신앙을 이기는 경우가 많다. 만약 기독교 신앙이 과학적 그리고 학문적 활동을 정의하고 구조화하려면 과학 및 학문적 활동은 기독교 신앙에서 **출발해** 그 신앙을 **위해** 이루어져야 한다.

개혁주의 철학의 약속

—

개혁주의 철학의 전통은 도예베르트Herman Dooyeweerd(1894~
1977) 및 볼렌호번D. H. Th Vollenhoven(1892~1978)의 뒤를 따라 기독
신앙 및 대학에서 배우는 다양한 과학과 학문적 영역 간의 관계를
탐구하는 데 많은 관심을 기울여왔다. 이런 전통에서 우리는 신적
계시의 빛 아래 어떤 합리성을 추구해야 하며, 어떤 비전에서 과
학 및 학문적 활동이 일어나는지 전제하면서 철학적 활동을 한다.

기독교 신앙과 과학적·학문적 사고는 두 개의 다른 인간 활동
이며 서로 환치될 수 없다. 히브리서 11장 1절에서 말씀하는 것처
럼, 신앙은 과학적·학문적 사고로 설명될 수 없다. "믿음은 바라
는 것들의 확신이요, 보이지 않는 것들의 증거다." 그러나 신앙과
생각에 이렇게 근본적인 차이가 있다는 것이 양자가 서로 배타적
이라는 의미는 아니다. 물론 "나는 믿고" "나는 생각한다"는 것
모두 같은 한 사람의 행위다. 여기서 '나'는 모든 인간의 종교적
중심인 **마음**에 있으며, 이것은 신앙과 생각(그리고 행동, 따라서 기술적
적용을 만드는) 간의 연결점이며 집중점이다.

이 마음은 성경적으로 말해 인격적인 인간의 중심이며, 여기에
하나님께서는 그의 인을 치셨다(인간은 하나님의 형상을 가지고 있다).
"마음에서 생명의 근원이 나온다"고 성경은 말씀한다(잠 4:23). 마
음을 갖는다는 것은 종교적인 면에서 삶의 닻을 의미하며 신앙,
의지, 생각 등의 모든 표현을 형성한다. 인간의 중심은 따라서 서

양의 철학적 전통이 믿어왔듯이 생각 그 자체(이성)가 아니라 **마음**이다. 그 마음에 인간의 신앙과 생각의 통일성이 있고, 신앙과 과학적·학문적 활동(그리고 따라서 기술도) 간의 통일성이 있어야 하는 것이다.

실제로 이런 마음과 머리 및 손의 통일성은 성취하고 유지하기가 쉽지 않다. 흔히 우리의 마음은 나누어진다. 그리스도인들도 분열된 삶을 살기가 매우 쉽다. 즉, **우리 안에서도 다른 신앙적 헌신이 서로 주도권 싸움을 하고 있다.** 이런 현상을 좀 더 설명해보겠다.

신앙이란 우리가 하는 모든 것의 배후에 작용한다. 우리가 신앙을 증거할 때, 우리 마음의 종교적 내용은 우리 마음의 확실성과 안정성을 찾는 것이 명백하다. 신앙의 내용은 우리의 구체적인 활동, 실제적인 삶 그리고 비과학적·비학문적 사고 및 지식을 인도한다. 명백히 전과학적·전학문적 생각과 지식은 신앙에 내재되어 있으며, 이 신앙은 전자를 초월한다. 과학적·학문적 생각은 다시 비과학적이고 비학문적인 생각과 지식도 전제하며, 나아가 신뢰 또는 신앙에 의해 인도되고 자극을 받는다. 이런 기본적인 신뢰는 인간 경험의 중심이다. 다시 말해, **신앙**은 경험, 실제적인 삶과 생각 및 과학과 학문적 활동까지도 인도하고 규정한다. 신앙의 인도를 받아 다양한 인간 활동들이 개현되며 열매를 맺게 된다. 아무도 신앙 없이 살 수는 없다.

하지만 다른 면도 있다. 과학과 학문적 활동에 국한시켜 생각해보자. 기독교 신앙에서 우리는 과학적·학문적 활동의 사명과 동시에 최후 경계도 발견한다. 학문에 대한 신앙faith-in-science은 그런 경계를 인정하지 않는다. 이것이 우리가 과학적·학문적 연구의 한계를 벗어나는 것을 자주 보는 이유이며, 기본이 없는 그리고 가끔 위험한 사변의 영역으로 빠지는 이유다. 우리가 본 바와 같이, 이것은 과학혁명의 경우에 더욱 그렇다.

그러나 기독교 신앙의 경우, 하나님의 계시에 의해 그리고 성령의 조명에 의해 신앙은 하나님의 창조에서 우리가 발견할 수 있는 것과 우리 자신의 생각의 규범적 한계들을 인지하고 받아들이도록 인도한다. 과학적·학문적 활동은 신앙적 관점에서 수행되며, 우리 삶의 목적도 전체적으로 이에 포함된다.

과학적·학문적 활동은 인간에게 주어진 명령이며, 하나님께서 인간에게 주신 모든 것을 피조물로 탐구하고 이해하는 가능성이다. 이것은 새롭고 가끔 매우 놀라운 것들이 창조 및 역사에서 발견될 수 있음을 의미한다. 이것은 기독교 신앙과 갈등관계가 아니다. 오히려 성경적인 근거가 있고, 규범적인 과학과 학문적인 활동은 신앙을 풍요롭게 한다! 과학자들과 학자들은 전능하시고 전지하신 창조주 하나님의 영광을 위해 과학적·학문적 연구를 할 수 있는 가능성들을 즐길 수 있는 것이다.

인간의 자율성에 대한 신앙

최근 서양의 학문적 전통에서 우리는 인간의 자율성에 대한 신앙이 더 힘을 얻는 것을 본다. 그리스 시대 이후 그런 신앙은 철학적이거나 과학적·학문적 사고와 연결되어져왔다. 구체적으로 실재에 대한 지식과 이해도 마음의 기본적 신뢰가 중심이긴 하지만 점점 더 과학적·학문적 사고가 추상 및 논리적 체계로서 대체되었다. 이것은 소위 우리가 말하는 일상적 삶의 '과학화'라고 부를 수 있으며, 마침내 하나님에 대해 닫힌 세계관으로 우리를 인도한다.

이런 서양의 현대적 사고의 기본 특징은 진리에 대한 추구에 큰 영향을 미쳤다. 진리는 하나의 **이론적·과학적·학문적** 진리가 되었다. 이런 이론적 진리는 그 보편성이라는 주장 때문에 신뢰를 불러일으켰다. 인간은 자율성 사상과 그들 자신의 위대함을 과학적·학문적 담론으로 투사시켰다. 모든 과학적이고 학문적인 주장의 상대성은 간과되었다. 절대적 주장이 승리했다. 사람들은 과학적·학문적 지식의 설득력 있어 보이고 논리적이며, 심지어 경쟁이 될 것 같지 않아 보이는 면에 자신을 굴복시킨 것이다.

우리는 이런 주요 흐름을 서양의 **합리주의**라고 부른다. 이것은 이론적·논리적·추상적 진리에 의해 특징지어진다. 확실히 과학과 학문적 설명에는 추상화가 따른다. 그런 추상화는 사람들이 그런 추상을 구성하고 있다는 것을 인식하지 못할 때 더 위험해진다. 이론적 '진리'는 **절대화된** 이론적 진리로, 예수 그리스도가 길이요 진리요 생명이심을 인정하는 믿음과는 어울리지 않아 보이는 것이다.

처음부터 끝까지 그리스도를 신뢰하다
—

만물이 그리스도를 통해 나왔으며, 이제는 죄에 의해 깊이 오염되었으나, 다시 하나님과 화해했으며, 만물이 그 궁극적인 목적과 의미를 그리스도 안에서 발견함을 우리 그리스도인들은 믿는다. 이런 진리는 과학적·학문적 이론보다 훨씬 더 풍요롭다. 이것은 전적인 인격적 참여를 요구하며, 사실 신뢰 가운데 자신을 드리는 것이고, **나는 예수 그리스도를 믿습니다**라고 기꺼이 말하는 것이다.

우리 신앙의 내용은 하나님을 창조주요 완성자로 인정하는 것인데, 이것은 논리적 증명의 문제가 아니다. "**믿음으로** 우리는 세상이 하나님의 말씀으로 지어졌다는 것을 깨닫는다"(히 11:3). 이것은 우리가 **이해할 수 있는**(논리적으로 또는 과학적으로 적절히 개념화하는) 어떤 것이 아니라 분명히 우리가 **믿어야 하는** 것이다.

생각하는 것과 믿는 것 간에 **완전히 논리적인 조화**는 없다. 신앙과 과학적·학문적 활동의 주제, 믿는 것과 생각하는 것의 관계는 생각 자체만으로 해결할 수 없다. 만약 그렇다면 과학적·학문적 사고는 신앙을 지배할 것이며 신앙의 신비를 없애버릴 것이다.

신앙은 과학적·학문적 사고의 경계선에서 하나님과 그분의 활동이 신비로 인정되어야 함을 요구한다. 신앙은 '과학적·학문적 진술과 다른 면'에서 믿음으로 그리고 믿음을 위해 과학적·학문적 활동을 한다. 신앙은 과학적·학문적 사고를 규정하며 개현하고 그 활동이 나름대로 의미 있는 위치를 갖도록 그 한계를 정한다.

우리는 과학과 학문 활동을 포함해 모든 생각을 사로잡아 왕이신 그리스도에게 복종시켜야 한다(고후 10:5). 이것은 우리의 생각을 진정으로 새롭게 하는 것의 일부다(롬 12:2). 기독교 과학자들 및 학자들은 그들이 믿음에 있어 지혜롭고, 신중하며, 인내하면서 사려 깊게 행동하도록 부르심을 받았다는 것을 안다. 믿음으로 하지 않는 모든 것이 죄라고 성경은 말한다(롬 14:23). 믿음 없이 우리가 생각하고 행하는 것들은 과학과 학문 활동을 포함해 그들의 특별한 소명과 목적을 성취하지 못한다. 생각은 성령의 인도하심과 살아 있는 믿음으로 계속 새로워져야 한다(엡 4:23).

과학적·학문적 사고도 예수 그리스도께서 근원 및 뿌리가 되시는 삶을 위한 실제적 지혜에 근거하고 그에 따라 진행되어야 한다. 내적으로는 그리스도와 깊은 관계 속에서 믿음을 통해 생각해야 한다. 과학적·학문적 활동의 목적과 의미는 하나님께 영광을 돌려드리는 것이다.

모든 사람들에 의해 이루어지는 발견들

—

과학적·학문적 활동의 목적과 의미는 한 특정한 과학자 또는 학자가 하나님을 인정하지 않을 때에도 인지될 수 있다. 네덜란드의 한 비기독교 일간지(NRC Handelsblad)의 과학적·학문적 연구에 관한 주간 기사를 읽을 때 나는 가끔 놀라움과 경이로움을 느낀다. 독자로서 나는 일반적으로 새로운 과학적 발전이 자극하는 인간의 오만함을 관찰한다. 그러나 심지어 과학에 대한 잘못된 신앙도 하나님의 창조 세계 안에 있기에 비신자인 학자들도 매우 자주 우리가 분명 인정하고 귀하게 여길 수 있는 '사실'을 드러낼 수 있다.

과학적·학문적 연구의 발견들 및 명제들은 기독교 신앙과 궁극적으로 통합될 수 있음이 명백하다. 우리가 신앙의 관점으로 과학적·학문적 활동의 결과들을 바라볼 때 우리의 놀라움과 감사함은 증가한다.

갈등전선의 이동, 과학적·학문적 진리의 상대화

—

현대를 살아가는 모든 사람이 합리주의자는 아니다. 사람들은 과학적·학문적 지식에 너무나 많은 불확실성이 있음을 보게 되면서 무조건적 합리주의자로 남아 있지 않게 되었다. 가령 하이젠베르크의 불확정성의 원리 및 아인슈타인의 상대성이론 같은 물리학의 내적인 발전은 과학에서 어떤 진리 주장도 최종적일 수 없음을 보여주었다.

어떤 외부적인 요소들이 과학적 이론의 구성에 영향을 미치는 것을 보면서 과학적·학문적 진리가 최종적이라는 이미지가 많이 퇴색되었다. 토머스 쿤Thomas Kuhn도 과학의 패러다임이 이동하는 것을 분석하면서 역사적이고 사회적인 상황이 과학적 이론들을 형성함을 보여주었다. 철학자 파이어아벤트Feyerabend도 사회적 요소들이 과학을 형성하는 것을 지적했는데, 사람들은 그를 무정부 과학철학자라고까지 부른다.

'체계적 사고system thinking'의 발흥 또한 과학적·학문적 연구에서 방법론의 다원성에 대한 공간을 만들었다. 단지 분석적이고 환원적인 방법이 아니라 외삽적이고 '확산적'인 방법 또한 이제는 일반적으로 인정된다. 따라서 과학이론의 형성에는 놀라운 융통성이 도입되었다. 날카롭고 건조하며 합리주의적이고 엄격한 사고는 이제 도전받고 있다. 이런 시점에서 우리는 기독교 과학자들 및 학자들이 직면했던 갈등의 면이 이전되고 있음을 본다.

어떤 이들은 심지어 더 나아가 과학적·학문적 지식 자체가 과연 신뢰할 수 있는 것인지에 대해서도 질문을 제기하고 있다. 그리스도인들은 이런 비합리적인 전환까지 가서는 안 되겠지만, 동시에 이런 새로운 불확실성을 이용해야 한다.

과학적·학문적 활동에 대한 기독교적 비전은 이제 사상의 시장에서 진정한 하나의 대안이다. 나는 네덜란드 대학교들이 정통 그리스도인들의 공헌에 대해 좀 더 열린 자세를 가질 것이라고 기대한다. 아이러니하게도 철학자들 및 신학자들은 좀 덜 그러할 것이며, 이들 대부분은 여전히 합리주의자로 남을 것이다. 그러나 기독교 자연과학자들 및 다른 학자들의 경우에는 분명히 분위기가 더 친근해지고 있다. 최근 다양한 네덜란드의 대학교들이 정통 개신교나 개혁적 배경의 총장을 선출했으며, 이와 같은 배경을 가진 교수와 강사들만도 100명 이상이다.

나는 이들이 의식적으로 개혁주의적 관점에서 과학적·학문적 활동을 함으로써, 이런 상황에서 더 많은 주의를 끌 수 있다면 좋겠다고 생각한다. 솔직히 말해, 현재로서는 이런 접근이 많은 기독교 학자들에 의해 충분히 인정받기보다는 용인되고 있는 정도다. 아직도 할 일이 많다!

갈등전선의 이동, 이성을 믿는 신앙에서 통제를 믿는 신앙으로

과학적·학문적 이론들에서 최종적 진리에 대한 사상은 의심받고 있으나 다른 오만한 주장들이 나타나고 있다. 많은 사람들은 최종 진리는 불가능하지만, 우리가 실재를 **관리**하고 **통제**해야 한다고 확신한다. 과학적·학문적 연구의 진리를 결정하는 목적은 그 **유용성**으로 중심이 이동하고 있다. 우리는 이것을 **실용주의적 전환**이라고 부를 수 있다. 여기서 우리는 갈등의 전선이 점점 더 기술과 경제학의 영역으로 이동하고 있음을 본다.

기독교 대학의 학생들은 과학적·학문적 연구를 경배해 우상숭배의 정도에 이르는 것을 경계해야 한다. 그러나 지금 그들은 총체적으로 기술의 마법에 걸린 대학 및 전체 사회와 부딪치고 있다. 우리는 그 호감을 주는 마술의 영향 아래 있다! 계몽주의적인 과학적·학문적 사고의 자율성은 우리 주변의 기술적 성취에서 물리적으로 느낄 수 있다. 우리는 이것을 **과학기술적 또는 기술적 문화**라고 부르며, 이것은 매우 **세속화된 문화**다.

경건하지 못한 현대 문화는 많은 젊은 학생들에게 두 번째 종류의 갈등전선을 형성한다. 아마도 이성을 신뢰한 것에 대한 대면이 훨씬 쉬울 텐데, 왜냐하면 어떤 면에서 이것은 합리주의의 무책임한 주장들을 비판하는 것이기 때문이다. 기술적 관리 및 제어에 대한 신앙을 비판하는 것은 반면에 특별한 자기비판인데, 왜냐하면 이것은 모든 면에서 너무나 지배적인 **문화적 태도**를 정의하기 때문이다.

갈등전선의 이동, 통제를 믿는 신앙에서 기술적 사고로

현재 서양에서는, 그리고 동양에서도 점증하고 있는데, 인간은 자신을 어떤 목적을 위해 기술적 합리성을 사용하는 '주인이요 지배자'(근대 철학의 창시자인 데카르트가 사용한 용어)로 본다. 특히 자연과학 및 공학들이 모든 것을 인간의 지배하에 두려는 야망에 의해 착취되고 있다. 그들은 그 결과 사회의 오래되고 새로운 문제들을 종합적으로 해결하고자 한다. 프랜시스 베이컨의 사상이 특별히 중요한데, 과학적·기술적 진보에 의해 실낙원을 회복할 수 있다고 다시 기대하게 되었기 때문이다.

그들의 야망은 기술적 제어에 대한 신앙을 증가시켰다. 특정한 의미에서 단지 기술적 적용으로 해결할 수 있는 문제들만을 실제적인 것들로 인정했다. 삶과 종교적인 문제들에 대한 깊은 반성은 정략적으로 배제되었다. 우리는 주변에서 그리고 우리 안에서 과거와 비교해볼 때 전혀 경험하지 못한 정도의 영적 공허감이 우리 주변을 둘러싸고 있음을 본다. 이것이 그리 광범위하게 인정되지 않는다는 사실이 상황을 더욱 심각하게 만들고 있다. 그 결과 사고의 기술적 스타일 또는 기술적인 정신이 우리 문화에 전반적으로 스며들고 있다.

여기에 우리의 문제가 있다!

두 가지 사례를 들어보겠다. 생명기술 분야에서 생명현상 자체에 대한 정의가 이루어지지 않고 있는 것은 아이러니하다. 생명의 기술적 모델은 생명이 그 모든 복잡성과 깊이에 있어 무엇인지 인식하는 데 실패한 것이다. 따라서 생명기술(유전자 조작 또는 수정을 포함한)이 너무나 많은 감춰진 곤경들과 타협해야 하는 것은 놀랄 일이 아니다.

또 다른 문제가 있다. 인터넷의 가장 큰 위험은 소위 잘못된 정보 및 명백한 거짓말들이 정보로 퍼지는 것이다. 그런데 어떤 사람들은 인터넷을 '청소하기만 하면' 윤리적 문제들이 자동적으로 해결될 것이라고 생각한다. 그러나 이것은 현재 기술적 정신이 생명을 컴퓨터 코드, 정보의 바이트로 환원시키는 특정한 행동들을 자극하고 있다는 사실을 간과한 것이다. 이런 것들을 청소하는 것은 갈수록 더 어려워진다!

인간이 기술적 적용에 하루 24시간, 매주 7일을 매여 있을지라도 인간 전체의 존재는 컴퓨터화한 데이터에 의해 결국 소유되고 있다. 우리는 삶의 다른 많은 차원들에 대한 민감성을 상실하고 있다. 역설적으로, 정보의 기하급수적인 증가로 우리 사회의 의미와 중요성은 감소하고 있다. 더 많은 활동들이 소셜미디어 등 온라인에서 일어날수록 우리가 서로 실제적으로 연락하거나 영적으로 함께하는 일은 감소한다. 따라서 (다시 말하지만) 우리는 기술적 세계관이 점증하는 세속화와 함께 가는 것에 주목한다.

기술적 발전에 대한 비전

—

그리스도인들은 새로운 기술을 발전시키는 데 참여해야 하지만, 동시에 지구를 돌보라는 하나님의 명령도 인식해야 한다. 우리 모두는 체르노빌과 후쿠시마 같은 종말론적 재난들 또는 멕시코만의 기름 유출 같은 재난의 위험성에 깨어 있어야 한다. 우리는 지속 가능한 이슈들에 대해 민감해야 하며, 사치하지 않고 오히려 금욕적인 라이프스타일을 추구해야 한다. 칼뱅이 단순한 삶을 살라고 요청한 것은 우리가 우리의 창조주를 위해 살아가는 데 도움이 된다.

자연과학 및 기술의 발전이 우리의 삶과 생각에 얼마나 깊은 영향을 미치는지 간과해서는 안 된다. 창조, 그리고 죄와 은혜의 관점에서 인간이 된다는 것은 역사 속에서 **지속적으로 존재함을 의미한다**. 그러나 우리의 경험에서 인간이 된다는 것은 우리가 사용하는 도구와 수단들, 우리가 매일 숨 쉬는 문화 등 우리의 역사적 맥락에 의해 정의된다. 서양 문화가 이런 전자 시대에 현대의 바벨탑을 건설하는 데 마음을 빼앗긴다면, 우리는 그리스도인으로서 그 탑에 거주하거나 아니면 적어도 그 근처의 이웃으로 살게 된다. 우리는 그것을 피할 수 없다.

미래에 직면한 우리의 가장 큰 질문은 이것이다. 그리스도인들은 어떻게 이런 바벨 문화 내에서 자신의 중심을 잃지 않고 진정한 문화 변혁에 공헌할 수 있을 것인가?

우리는 사람들이 과학적·학문적 사고의 한계를 볼 수 있도록 도우라는 부르심을 받았으며, 기술적 사고를 형성하고 거기에 접근하는 규범적 방식에 주의를 기울여야 한다. 이런 방식으로 우리는 과학적·학문적 연구 및 기술 발전을 정당하게 대할 수 있으며, 다음 장에서 내가 제시할 **유익하고 열매가 풍성한** 미래에 관한 관점을 제공할 수 있다.

4 기술적 세계관으로부터의 해방 새로운 종류의 윤리[1]

개인적인 이야기

––

　개혁주의 철학협회를 대표해 강의를 해온 32년의 세월 동안 나는 기술의 중요성을 강조하는 방식으로 현대 철학의 흐름들, 과학철학, 그리고 문화철학을 다루는 데 마음을 쏟았다. 이 직책을 맡은 이래 기독교 신앙의 관점에서 **기술의 윤리**에 대한 수업을 하는 것도 당연한 일이었다.

　기술의 윤리는 네덜란드의 다른 대학들에서 활발하게 활동하는 이들에 의해서도 점점 더 많이 제기되어왔다. 1986년에 나온, 당시 네덜란드 교육부 장관 리천Ritzen의《윤리와 과학 연구에 대한 정책서》에 영향을 받아 네덜란드의 공과대학들에서 기술윤리과목이 큰 주목을 받았다. 델프트공대에서 보고서들이 나왔고,[2] 네덜란드 왕립과학원에서도 이 주제에 관심을 쏟았으며,[3] 몇 년 전부터는 에인트호번대학도 관심을 보여왔다.[4]

그 결과 몇 년 전부터 델프트공대의 모든 학생이 윤리 교과목을 수강하게 되었다. 에인트호번대학도 윤리 교과 필수화를 시험적으로 시도하고 있다. 뿐만 아니라 윤리와 기술을 공부하기 위한 기반들이 이들 대학에 조성되었다. 이런 시도들 모두 너무나 당연한 것이다. 공학자들은 연구자나 설계자로 일하건, 개발자나 기술 시스템의 관리자로 일하건, 윤리적 문제들과 마주치는 일이 점점 더 많아지고 있기 때문이다.

델프트공대에서 윤리 교과목이 필수가 되었을 때, 그들은 내게 조심스럽게 내가 가르치는 윤리 교과목을 포기할 수 있는지 물었다. 에인트호번에서도 똑같은 요구를 했다. 그래서 나는 내가 가르치는 윤리와 기술 교과목에서 **개혁주의 철학의 관점을 특별히 강조**해 차별화된 과목을 만들었다. 학교 측도 내 결정에 동의했다. 나는 이렇게 된 것이 기뻤는데, 이전에 나는 내가 일반적인 대학 수업에서는 충분히 주목하지 않는 문제들을 다룬다고 믿었고, 지금도 그렇게 믿기 때문이다. 일반 대학 수업에서는 기술적記述的 윤리를 더 강조한다.

예를 들어, 첫 번째 델프트 보고서나 수업 교과서에는 윤리를 다룰 때 어떤 규범적인 입장도 권위적인 것으로 제시되어서는 안 된다고 쓰여 있다. 거기에는 실질적인 사례들에 대한 분석과 평가

만 있을 뿐이다. 이 접근에서 세계와 삶에 대한 관점들world-and-life-
views은 피상적이고 기술적으로만 제시된다. 불명확하고, 불투명
하고, 포괄적으로 받아들일 수 있는 윤리가 제시된다. 그러나 더
심도 있는 분석을 하다 보면, 제시된 윤리는 숨어 있던 충돌 지점
들을 드러내게 마련이다. 그 충돌은 서로 다른 세계와 삶의 관점
들로 추적해 올라갈 수 있는 확신들에서 비롯된다. 바로 이 지점
에서 개혁주의적 관점이 요구된다.

이 대학들에서 많은 강사들이 여러 가지 접근을 시도하지만, 그
럼에도 공통된 문제들이 제기하는 도전이 있다는 데 동의하는 것
을 보면, 나의 이런 확신은 더 커진다. 더 나아가 기술의 문제를
다룸에 있어서 공통의 기반이 많다는 것과, 우리가 기술을 통해
우리 공동의 사회에 장기적으로 진정한 도움이 되는 결과를 얻기
위해 노력해야 한다는 것에 대한 일반적인 합의가 있다.

표면 아래

작금의 기술 발전은 처음에 보기에는 상당히 유망한 개념들을
많이 성취했고, 미래를 위해 잠재적으로 유망한 발전을 많이 이뤘
다. 그러나 우리는 최면에 걸려 초래될지도 모르는 실제 위험을
실감하지 못하는 상태에 빠질 수도 있다. 어떻게 이것이 가능한
가? 나는 현재의 서구 문화에는 기술이 제공할 수 있는 것은 모두

환상적인 것으로 보는 태도가 박혀 있는 것이 그 이유가 아닌가 생각한다. 근대주의와 포스트모더니즘 정신의 연장선상에서 사람들은 그렇게 마술적인 발명들을 비판적으로 성찰하는 것을 힘들어한다. 근대의 핵심에는 기술적 진보에 대한 일종의 조용한 숭배가 있는 듯하다.

사실 기술적 적용은 훌륭하고 신나는 경우가 많다. 하지만 다른 면도 있다. 오늘날 현실에 대한 기술적인 세계관의 독점은, 모든 것을 통제와 관리의 마음가짐으로 보게 된다는 것을 의미한다. 기술을 통해 우리가 현실을 점점 더 우리가 원하는 방식으로 만들어가기도 하지만, 동시에 우리는 그 현실로부터 멀어진다.

그 문제는 환경의 오염에서만 드러나는 것이 아니라, 존재를 숫자와 화면에 맺힌 이미지로 환원하는 경향, 그리고 그로 인해 생기는 깊은 사회적 긴장과 갈등에서도 구체적으로 드러난다. 생태적이고 녹색친화적인 대안들이 많이 제시되고 있음에도 불구하고, 여전히 무비판적인 기술옹호론이 만연해 있다. 그래서 이 영역에 윤리가 필요한 것이다. 우리는 환경을 위한 윤리, 경제 발전의 윤리, 경영윤리에 대해 읽지만 기술의 윤리에 대해서는 거의 읽지 않는다. 내 생각엔 기술윤리가 모든 다른 윤리의 근본이 되는데도 말이다.

이런 맥락에서 개혁주의 철학의 전통에 서 있는 우리는 기술의 윤리를 구성하라는 도전에 응할 필요가 있다.

기술의 윤리가 필요하다

과학에 의해 형성된 근대의 기술 발전은 역사적으로 서양의 유대 기독교 전통에서 나타났다. 이 전통이 책임 있는 기술 적용의 윤리에 대해 뭔가 할 말이 있는가? 이것은 시급한 물음이다. 유대 기독교 전통은 기술의 파괴적인 결과를 초래한 주요 원인들 중하나로 지목돼왔기 때문이다.

서양에서 지난 천 년 동안 이어진 전통적인 장인의 기술은 그 자체로 특정하고 제한적이고 문화적인 형태를 가지고 있었고, 사람들 간의 관계와 인간의 규모를 가졌다는 특징이 있었다. 일반적으로 그런 장인의 기술이 낳은 부정적인 영향은 통제할 만한 수준이었다. 나아가 그 기술이 통용되던 문화 자체의 틀을 만들거나 구조를 변경한 것이 아니라, 그 문화의 일부였다. 장인의 기술은 자연의 질서에 단단히 뿌리내리고 있었다. 이렇게 상대적으로 정적인 상황에서 기술의 윤리가 따로 필요하지는 않았다.

새로운 '기술 문화'

우리는 한 세기 전과 비교해 완전히 새로운 상황에 놓여 있다. 근대 기술은 놀랄 만한 방식으로 발전했다. 이제 기술은 우리 사회에 스며들어 인간 사회를 역동적인 기술적 운동으로 구성해가고 있으며 세계적인 시스템이 되었다. 근대 기술 덕분에 어디서나 모든 것이 모든 것과 연관성을 갖게 되었다. 이것이 우리의 공통된 기술 환경이다. 근대 기술이 없으면 여기 지구 위의 인간 존재는 무너지고 말 것이다.

기술과 세계 경제생활의 관계는 떠들썩하고도 강력한 발전을 경험했다. 이제 그 둘은 서로 강하게 엮여 있다. 그래서 내가 기술의 윤리에 관심을 갖자고 요청하지만, 기술의 윤리는 경제의 윤리와 완전히 구별해 생각할 수 없다는 점을 기억해야 한다. 둘 모두 기술적인 마음가짐, 즉 기술의 틀거지와 사고방식에 의해 서로 묶여 있다.

기술을 둘러싼 행복감 아래 불확실성이 도사리고 있음을 감지할 수 있다. 이는 인간이 역사상 이와 같은 것을 경험한 적이 없기 때문이다. 바로 이 점이 기술의 윤리를 정식화하려는 노력을 매우 어렵게 만든다.

기술의 유익

우리 시대를 수세기 전과 비교해보면, 근대 기술은 서구 사회에서 엄청난 유익을 가져왔다(동양에서도 점점 더 그러하다). 기술을 통해 사람의 평균 기대수명이 늘어났다. 하수 처리와 물 정화 시스템으로 더 건강한 환경이 조성되었다. 기계화, 자동화, 로봇의 사용 등으로 사람은 심한 육체노동이나 반복적인 노동에서 벗어났다. 경제와 새로운 기술의 연결은 전에 인류가 경험하지 못한 물질적 안녕을 가져왔다. 인터넷은 유용한 정보를 끝없이 공급해준다. 가장 비현실적이었던 꿈이 우리 앞에서 이루어지고 있는 듯하다.

기술의 악몽

그러나 시간이 가면서 우리 시대에는 기술의 어두운 면이 더 적나라하게 드러나고 있다. 기술의 악몽은 밤에 자꾸 우리를 깨운다. 아니, 깨워야 한다. 악몽의 목록을 한번 만들어보자.

- 세계 모든 곳에 핵폭탄의 위협이 있다. (북한을 보라!)
- 방사능 폐기물이 다양한 방식으로 취약한 장소들에 계속 쌓이고 있다.
- 모든 대륙에서 경작 가능하고 비옥했던 땅들이 사막화되고 있다.
- 식량 생산이 모든 곳에서 감소하고 있다.
- 원자재가 과도하게 사용되며 계속 없어지고 있다.
- 많은 식물과 동물 종들이 멸종했거나 멸종하고 있다.
- 세계의 숲들이 빠른 속도로 사라지고 있다.
- 바다가 플라스틱으로 채워지고 있다.
- 청정 수역이 점점 소금물이 되어가고 있다.
- 오존층이 점점 얇아지고 있다.
- 공기오염이 모든 곳에서 증가하고 있다.
- 지구 환경의 온난화가 주로 인간 때문인 것이 확실해 보인다.
- 살아 있는 것들, 곧 식물과 동물, 심지어 인간의 유전자 조작이 위험스러울 정도의 속도로 늘어나고 있는데, 그 결과가 지구에 사는 생명 자체에 안전할 것이란 보장이 없다.

• 이 모든 문제들에 더해, 인터넷과 휴대전화의 사용은 그 많은 유용성에도 불구하고 사람들 사이의 '면대면 접촉'을 줄이는 원인이 되고 있다. 그 결과 사람들이 상호 소원해지고 외로워지고 사회적 분열이 일어나는 것을 피부로 느끼게 되었다.

이 모든 것은 유토피아의 시나리오라기보다는 디스토피아의 시나리오를 보여주고 있다.

취약한 기술

아직 더 있다. 큰 규모의 기술 발전은 취약하고 위험하다는 사실이 거듭 밝혀져왔다. 인간의 실수나 기술적인 처리가 제대로 작동하지 않는 상황 때문에 우리는 장기적인 영향을 미치는 결과에 부딪히게 된다. 체르노빌 사고나 보팔의 화학공장 참사, 큰 혼란을 일으키는 여러 종류의 파괴적인 컴퓨터 바이러스 등이 그 대표적인 예다. 우리 사회를 계속 병들게 하는 테러리스트들의 공격은 서양의 문화가 얼마나 취약한지를 충분히 잘 보여주었다. 다른 이유들도 있지만, 무엇보다 이들이 근대 기술에 전적으로 기대고 있기 때문이다.

기술 자체가 가장 큰 위협인지도 모른다

우리의 결론은 과거의 인류가 자연의 힘에 의해 위협을 받았다면, 오늘날 우리는 다른 무엇보다 통제를 벗어난 근대 기술의 위협을 받고 있다는 것이다. 아인슈타인에 따르면 "기술 진보는 병적인 범죄자의 손에 들려진 도끼"와 같다. 그렇다면 우리는 어떻게 잘못된 길로 가버린 기술적인 조치들에 대한 통제를 되찾을 수 있을 것인가? 어떤 길로 가는 것이 바른가? 윤리적 도전은 이제 충분하다!

윤리학이란 무엇인가?

'윤리학'이라는 말로 우리가 진정 의미하고자 하는 바는 무엇인가? 우리는 학문 분야로서의 윤리학이 다루는 주제들이 선이나 인간의 책임 있는 행동을 구성하는 요소가 무엇인지에 대한 성찰을 포함한다고 말할 수 있다. 기술의 윤리학을 구성하기 위해서 우리는 기술 안에서 혹은 기술을 통해서 이루어지는 선이 무엇이고 책임 있는 인간 행동이 무엇인지를 논의해야 한다.

나는 윤리학을 분리된 학문 분야로 생각하지 않고, 다학제적이고 융복합적인 소명으로 본다. 이는 인간이 현실의 모든 규범적 측면에 대답을 제공하는 활동이다.

인간임이 무엇인지, 옳음과 책임 있는 것이 무엇인지, 우리의 세계에서 기술의 자리가 어디인지를 묻는 물음들에 대해 다양한 의견이 있다. 여기서 문제가 되는 것은 윤리학의 기반들, 철학적 비전의 차이, 삶과 세계에 대한 관점의 차이다. 이런 차이들은 윤리학에 대한 대화를 더욱 어렵게 만든다. 궁극적으로는 모두가 동의하는 비전도, 작동할 만한 합의점도 없기 때문이다. 우리는 다원성과 관계해야 하는데, 이 다원성은 흩어버리는 것이지 묶어내는 것이 아니다. 혹시 이 모든 사실에도 불구하고, 이 다양한 비전들의 문화적·역사적 배경에 공통되는 핵심 경로를 발견할 수 있을 것인가?

배경
—

일반적으로 기술 시대의 문제와 위협에 대해 다룰 때 사람들은 그 논의를 표면적인 현상에 한정하곤 한다. 그 표면 아래 있는 역사적 전개를 밝히기 위해서는 이 성찰의 깊이를 더할 필요가 있다.

나는 현재 서양 문화에서 주도적인 사고의 패턴을 **기술적 사고방식**technical mentality이라고 부른다. 우리가 그 역사적인 배경에 관심을 기울이면 이런 사고방식이 깊은 뿌리를 가지고 있음을 볼 수 있다. 시간이 지나면서 실재가 창조되었다는 믿음, 그러니까 창조자에 대한 믿음은 기술적 사고방식의 영향으로 점점 시야에서 사라져버렸다. 역사적으로 기술적 사고방식은 인간 사상가의 자율성이나 자기충족성에 대한 믿음에서 비롯된다.

앞에서도 잠깐 언급했지만, 프랜시스 베이컨Francis Bacon(1561~

1626)을 살펴보자. 그는 '근대의 나팔수'라 불려왔다. "아는 것이 힘"이라거나 "자연을 지배하기 위해서 자연에 복종해야 한다" 같은 말을 하면서, 베이컨은 사실상 우리가 원하는 모든 것을 실현할 수 있는 상황을 예측했다. 자연은 인간을 섬기는 노예가 될 것을 강요받는다. 베이컨은 우리가 물질의 숨겨진 구조와 비밀스러운 작동에 대해 완전한 통찰을 갖게 되면, 인간이 궁극적으로 자연의 모든 과정을 설명할 수 있게 될 것이라고 말했다.

베이컨은 자신의 계획에 종교적이고 기독교적인 의미를 부여하려고 무던히 애를 썼지만, 우리는 베이컨이 자신감과 교만으로 이 자리에 이르게 되었다는 호이카스Hooykaas의 주장에 동의할 수밖에 없다. 그의 유토피아인 《새로운 아틀란티스》에서 베이컨은 이상적인 사회를 묘사했는데, 그곳에서는 모든 권력이 과학자와 공학자들에게 있다. 그들이 진정한 진보를 가능하게 하기 때문이다. 그는 인간이 이룬 과학과 기술적 적용들의 발전은 신의 창조 역사의 모방이라고 말한다. 성경적이고 종말론적인 관점은 미래에 일어날 이 세상의 인간 진보에 대한 기대로 바뀌었다. 심지어 우리가 과학과 기술적 적용들을 통해 타락의 결과를 극복할 수 있으리라고 생각했다. 이런 구속적인 모티프는 창조 모티프로서의 기술적 사고의 특징과 유사하다.

이제 17세기의 철학자 데카르트René Descartes로 옮겨가보자. 그는 '근대 서양 사상의 아버지'라 부를 만한 사람이다. 데카르트는 합리적 사고란 자연과학과 기술적 과학을 도구로 사용하는 것이라고 보았다. 실재를 인간에 굴종하게 하고 그것을 통해 우리가 직면하는 모든 문제의 해결책을 찾도록 하는 것이 그의 야망과 기대였다.

데카르트는 기계 법칙은 자연의 법칙과 동일하다고 말한다. 그는 자연을 기계의 집합이요 기계장치의 연속이라고 보았다. 데익스터하위스Dijksterhuis에 따르면, 이것이 바로 데카르트를 통해 서양의 세계관이 결정적으로 기계화되었다고 하는 이유다. 데카르트는 "자연은 기계다. 우리가 시계나 자동 기계장치를 충분히 가까이서 보면 이해할 수 있는 것처럼 이해하기 쉽다"고 말했다. 결론적으로 우리가 자연의 힘이 작동하는 법을 알게 되면 자연은 계산 가능하고 조종할 수 있게 된다는 것이다. 데카르트에게 인간은 '자연의 주인이며 소유자maître et possesseur de la Nature'이기 때문에, 우리는 자연 위에 군림하고 자연을 우리에게 복종하도록 할 수 있다.

데카르트는 식물이나 동물이 바뀔 수 없는 그 자체의 고유한 성격이나 성품을 가진 것이 아니라, 사실상 조작할 수 있는 물건 혹은 기계라고 보았다. 그는 우리가 '이것들'을 조작해 이런저런 방식으로 유익하게 사용하게 될 것이라고 생각했다. 실재는 달리 이해되지 않고 조작될 수 있는 것으로, 인간에게 유익한 것으로 파악되었다. 인간이 수행하는 기술적인 사용의 대상이 되어버린 것이다.

시간이 지나 우리 시대에 사람들은 데카르트의 이런 개념이 생명산업과 유전자 변형 및 조작에 적용되고 있음을 본다. 기술적 사고방식은 언제나 더 정복할 수 있는 영역을 찾아헤맨다. 20세기의 철학자 슈펭글러는 이를 간결하고 힘차게 표현했다. "기술의 사용은 성부 하나님처럼 영원하다. 기술은 성자처럼 삶을 구속하고, 성령처럼 그것을 성스럽게 만든다."

램프 밖으로 나온 지니

지니가 램프 밖으로 나오면 멈출 수가 없는 것처럼, 기술적 사고는 한번 지배적이 되면 멈출 수가 없다. 기술은 하나님이 창조한 실재가 가장 깊은 차원에서 갖는 특징인, 꿰뚫을 수 없는 비밀 같은 것을 인정하지 않는다. 기술적인 사고는 늘 불안정하고, 계속해서 실재를 총체적으로 재구성하려 한다. 사실 이 사상은 실재를 거대한 기계로, 요즘 말로 하자면 거대한 정보의 시스템으로 보기 때문에, 모든 것을 잴 수 있고, 무게를 달 수 있고, 셀 수 있으며, 따라서 기술적으로 운용하고 통제할 수 있다고 보는 것이다.

그래서 최근의 기술 문화가 이전에 없던 규모로 세속주의와 영적 공허함을 동반하는 것은 전혀 놀라운 일이 아니다. 우리는 근대 기술의 적용과 자율적·개인적 자유의 가면 뒤에 영적 공허함이 도사리고 있다고 말할 수 있다. 이를 근대의 '기계 안에 있는 유령'인 '무'라고 할 수 있을 것이다. 이 사실을 인정하지 않는 것은 상황을 더욱 심각하게 만들 뿐이다.

영웅적이고 프로메테우스적인 계몽주의의 인간은 자연과학의 성공적인 개발에 힘입어 스스로 모든 장애물을 극복하고 우리 자신과 사회를 새롭게 할 수 있다고 상상한다. 도구적 과학 이외에 아무 규범도 인정되지 않기 때문에, 세계를 과학적·기술적 방법으로 무제한 조작하려는 노력이 수행된다. 과학적 사고가 권위주의적 역할을 하는 것은 모든 비과학적 권위가 무력하다는 선포가 내려졌다는 의미다. 여기서 우리는 모든 것의 근원이 되시는 하나님과의 확실한 절연을 본다.

어떤 의미에서 역사적 과정 전체가, 하버마스Jürgen Habermas의 용어를 빌리자면 '기술의 이데올로기'라 부를 수 있는 것에서 절정을 이룬다. 이 이데올로기는 스스로 가림막을 쳐서 사물에 대한 전체적인 조망을 가로막는다. 근본적이고 본질적인 주제들에 대한 물음은 논점에서 벗어난 것으로 배제된다. 그 물음들이란 기술 발전의 배경, 근원과 목적, 근본 동기, 기술을 위한 규범에 대한 것들이다.

기술 종교

데이비드 노블David Noble의 《기술 종교 *The Religion of Technology*》에서, 우리는 기술적 '지상천국'의 도래를 기대하는 놀라운 사례를 발견한다. 그는 르네상스 이래 사상가들이 인간이 기술 발전을 통해 일종의 신이 될 수 있다는 대담한 야망을 피력해왔다는 점을 잘 보여준다. 역사상 처음으로 기술이 하나님과 함께 공동 창조주요 공동 구원자라는 사상에 연결되었다. 이 세계에 악의 영향력이 지속되었음에도 불구하고, 철학과 과학 영역의 사람들은 기술을 통해 본래의 낙원이 다시 만들어질 수 있다고 믿었다. 기술적인 인간이 바로 새 아담인 것이다. 사물에 대한 이런 관점에서 시작해, 기술 발전의 종교는 기독교인의 미래에 대한 기대와 하나님나라를 대체하는 것이 되었다.

노블에 따르면, 이 기술적인 '지상천국'에 대한 기대는 기술 발전의 첨단 영역에서 여전히 유효하다. 그는 우주 전문가, 인공지능 연구자, 사이버스페이스와 가상현실 개발자, 유전자 변형 관계자들이 한 말을 인용하면서 이들의 종교적인 열정을 보여준다. 공간과 시간의 구분은 없어졌다. 인간은 기계를 통해 영생을 얻고 몸으로부터 해방되어, 사이버 시대에는 편재하게 될 완벽한 마음을 추구한다. 유전자 변형은 재창조된 새로운 인간성을 보장한다.

기술적 세계관

—

기술적 사고방식을 특징짓는 절대화 때문에 실재의 실체가 되는 중심이 없어졌다. 기술적 모델에 적합하지 않은 것은 무시되거나 잊혀진다. 서양 문화는 이제 이런 사고방식에 중독되었다. 모든 새로운 기술 발전(모든 새로운 발견과 발명)은 이 세계관을 더욱 역동적으로 만들고 그 헤게모니를 강화한다.

그러나 사실 기술적 사고방식은 여전히 인간이 만드는 것이며, 문화의 패러다임으로 작동한다. 기술적 사고방식은 사람들이 그 안에서 생각하고 행하는 일종의 윤리적 틀로, 규범적인 중요성을 갖는다. 동기, 가치, 규범이 기술적 사고방식에서 나오기 때문이다. 자연과학에 의해 결정된 것은 기술적으로 만들 수 있다는 사실이 바로 진짜 실재다. 기술적 사고방식은 서양의 문화에 흥미로운 방식으로 적용되고 그 색깔을 결정한다. 현재 일어나고 있는 세계화도 이 사고방식에 의해 각인되고 구성된다.

이 세계관은 기술의 발전에서 도출되었지만 기술적 적용의 영역 밖에서도 광범위하고 지속적인 영향을 미친다. 우리가 환경과 관계 맺는 것뿐 아니라, 인간 사회 전체가 그것에 의해 모양 지어진다. 우리 모두 자극적이고 중독적인 **기술적 사고방식**의 공기를 숨 쉬고 있는 것이다.

현재의 부적절한 윤리 교육

기술적 세계관은 지금까지 우리가 강조했던 문제들의 숨은 원인일 뿐 아니라, 아이러니하게도 우리의 문제들에 대한 윤리적 해답을 찾는 동기가 되기도 한다. 현재의 접근 대부분은 통제되고 조심스러운 방식으로 행동해 위험을 피하는 것을 변호하는 데 그친다. 이를 나는 극단적으로 기술적인 형식의 윤리라고 부르기도 한다. 윤리학이 순진한 기술들의 연속이 되어버린다. 이 '관리와 통제의 윤리학'은 원하지 않는 현상들을 피하거나 제거하는 데 초점을 맞추고, 인간이 그 안에 스스로를 가둬버린 기술적이고 종말적인 거대한 혼란(앞에서 언급한 목록을 기억해보라)은 거의 인지하지도 못한다.

기술적 사고방식에 있어서 첫 번째 가장 위대한 계명은, 가능한 한 최대로 효과적이고 최대한 기술적으로 진보하라는 것이다. 둘째는 이것이니, 최대한 효율적이고 싸게 하라는 것이다. 이 두 가지 계명에 모든 기술적·물질주의적 문화가 달려 있다. (마태복음 22장 35~39절을 패러디한 것이다.)

우리는 기술적 사고의 그물에 걸려 있다. 우리가 기존의 기술적 곤경에 적응하려고 계속 애쓰는 한, 정말로 다른 동기와 가치, 규범, 윤리적 준거ethical moorings를 채택하는 실재에 대한 다른 근본적 비전을 찾는 일은 점점 더 어려워질 것이다.

고려되지 않는 지속 가능성

우리의 집인 환경과 지구는 어떠한가? 기술적 사고를 따라 물질적 가치와 규범이 **진보**라는 주제를 가지고 우리 문화를 지배한다. 환경과 자연의 문제들은 인정되지만, **인간의 생존**이라는 주제와 무관하게 언급된다.

기술적 세계관과 그것에 맞춰 따라가는 윤리는 이 지점에서 우리를 버린다. 이것은 우리가 종 다양성과 지속 가능성 문제를 이야기할 때 특별히 확실해진다. 우리는 얼마나 빨리 종 다양성이 줄어들고 있는지 이미 알고 있다. 단 한 세대 만에 종의 수가 절반으로 줄어들었다. 이것이 우리 시대를 특징짓는 실재에 대한 기술적 관점 때문이라고 보는 것이 불가능한가? 지속 가능성이라는 이상은 미래 세대에 공급해야 할 것을 희생하지 않으면서 우리 자신의 세대에 전 세계적으로 필요한 것을 공급하는 것을 말한다. 왜 지속 가능성이 제대로 확보되지 못하고 있는가?

지배적인 기술적 세계관은 관리와 통제의 모델을 사용해 오늘날의 경제를 지배한다. 성장은 필수다! 어떤 대가를 치르더라도 성장해야 한다! 이 시나리오에서 인류 모두와 지구 전체를 위한 지속 가능성은 얻을 수 없음이 분명하다.

물론 환경과 관련된 기술적 적용들을 매개로 해서라도 환경 문제를 제기한 것은 긍정적임이 틀림없다. 그러나 이런 접근은 언제나 기술의 경제라는 틀 안에서만 일어나기 때문에 후속적인 정책들에 의해 무화되는 경우가 대부분이다. 자동차 배기가스를 감소시켜야 한다고 요구하지만, 그러고 나서 미친 듯이 도로를 만들고 제한 속도를 시속 130킬로미터로 올려버린다. 우리는 계속 착취자, 오염자, 약탈자로 남는다.

오늘날 인기 있는 미래관은 기술을 통한 인류 구원에 대한 기대에 여전히 맞춰져 있다. 그 결과 삶의 목적에 대한 진지한 성찰은 기피되고, 실재는 관리 가능하고manageable 통제 가능한 것으로 환원된다. 기본이 되는 원칙은 기술적 구성의 이미지다. 기술적 구성은 계속 힘과 영향력을 얻고, 그 구성 안에서는 우리를 둘러싼 실재가 본질적인 가치가 아닌 도구적인 가치만 갖는다. 이런 식으로 지구상의 모든 식물과 동물들은 그들이 인간을 위해 과학적·기술적으로 사용될 때 갖게 되는 '물질적 사용'이라는 관점에서만 보이게 된다. 심지어 인간마저 조작과 개선의 대상으로 보는 경우가 점점 늘고 있다.

베르너 하이젠베르크Werner Heisenberg는 이 상황을 인상적으로 표현했다. "확실히 한계가 없는 것 같은 물질적 힘의 확장으로 인간은 강력한 배의 선장과 같은 상황에 놓이게 되었다. 이 배는 철과 강철로 만들어져서 배 안의 나침반 바늘이 더 이상 북쪽을 가리키지 않고 철 덩어리인 배 자신을 가리킨다. 이런 배를 가지고 정상적인 항로를 결정할 수는 없다."[5]

서양 문화는 나침반 없이 바다에 버려진 신세임을 깨닫게 된다. 기술적 힘이 커진 것은 부인할 수 없는 사실이지만, 재난도 함께 엄청나게 증가했다. 기술의 진보는 그 주인인 인간과 지구 자체를 적대하게 되기 쉽다. 이런 위협들은 잘 보이는 것들, 즉 바람직한 기술적 효과성과 경제적 효율성의 힘 아래 감춰져 있다. 이 모든 과정의 윤리적 환원주의는 거의 인식되지 않는다.

간주, 경험으로의 전환과 포스트모더니즘

이쯤에서 최근에 기술철학 내에서 발전하고 있는 소위 '경험으로의 전환empirical turn'을 간단하게 들여다보고 가는 것이 좋겠다.[6] 이 '전환'은 하이데거와 엘륄 같은 철학자들에 반대하는 것인데, 옳은 방향이다. 하이데거와 엘륄은 기술적 적용의 발전이 자율적인 과정이라고 생각한다. 그들에 따르면, 인간은 존재하는 발전에 나름대로 기여를 하지만, 실상 그 비율은 미미하다. 그렇기 때문에 작금의 발전이 불가피하다고 말하는 것이다.

경험으로의 전환을 시도한 학자들은 이 생각에 반대한다는 점에서는 옳다. 하이데거나 엘륄 같은 학자들은 실재 기술적 적용의 활동 중 특별한 문제들, 소위 개별 '사례들'에만 집중하고 거기서 기술 발전 전체의 특징을 뽑아낸다. 그러나 기술적 적용의 구조적인 발전에 관심을 두지도 않고, 전체로서의 실재 안에 기술을 위치시키려 하지도 않는다.

기술적 적용의 다양성에 주목할 필요가 있다. 이 부분이 이 학자들과 우리가 동의할 수 있는 지점이다. 이 영역들에서 윤리적 문제의 시급성은 다 동일하지는 않다. 기술적 적용에 대한 개혁주의 철학의 접근에서는 언제나 다양한 사물들을 정당하게 다루려고 노력한다. 하이데거나 엘륄이 생각하는 것으로 보이는 바, 기술적 적용이 자율성이라는 사상은 기술을 거대하고 제압할 수 없는 현상으로 파악하기 때문에, 인간의 책임이 설 자리가 없다. 개혁주의 철학은 이런 식의 접근을 거부한다.

또한 기술적 적용이 역사적·문화적·사회적·경제적·정치적 맥락에서 일어난다는 사실과, 여러 집단이 서로 다른 이해관계와 목표를 가지고 활동한다는 사실을 강조한다는 점에서 옳다. 각 집단은 기술의 발달에 특정한 영향을 미치지만, 그들 중 어느 하나도 이 발달 자체의 연속성으로부터 독립되어 있지는 않다.

나아가 관련되어 있는 모든 것이 동일한 이데올로기적·역사적 배경에 의해 형성되어 있는데, 이 배경이 당면한 윤리적 문제들의 중요한 원인이 된다. 그런데 경험으로의 전환에 속하는 철학자들이 이 이슈를 심각하게 다루지 않는 것은 잘못이다. 개별 '사례들'을 조사해 미래를 '어림짐작'하는 것은 적절하지 않다. 이들 철학자들은 문제의 뿌리와 그 문제들 간의 일관성을 발견하려 노력하지 않는다. 증상을 가지고 다투는 바람에 문제는 그냥 바뀌기만 할 뿐이고, 모든 문제의 공통된 기반에 대해서는 아무도 관심을 갖지 않는다. 윤리학적으로 말한다면, 이 철학자들은 그들이 제시한 실용주의적인 해결책과 함께 여러 형태를 가진 끝없는 '기술의 미로'에 갇혀 있는 셈이다.

우리가 기술의 발전을 그 모든 다양성을 가진 하나의 현상으로 인식할 때에만 실제적인 사례들 하나하나를 제대로 설명할 수 있다. 필요한 것은, 기술의 일반적인 기본 구조와 개별적인 특정 기술 현상들 모두를 공평하게 다루는 것이다. 이 둘 중 한쪽으로만 기우는 것은 다른 쪽에 공평하지 않다. 경험주의자들은 개별 문제들(나무)에만 일방적으로 관심을 기울이기 때문에 기술 발전 전체의 움직임(숲)을 보지 못한다. 기술 발전에 영향력을 가진 '행위자'의 영향만 분석하다 보면, 더 깊은 수준에서 작동하는 공통의 동기를 놓치게 된다. 결과적으로 그 분석은 피상적이고 일관성이 결여되고 만다.

특정한 '사례들'에서 일어나는 것에 대한 통찰의 깊이는 그것들이 서로 어떻게 연결되어 있는지를 보면 알 수 있다. 철학적이고 윤리적인 성찰에서 그것은 개별적인 기술 현상의 윤리를 다루는 문제가 아니다. 그것은 문화적 이미지, 에토스, 동기, 가치와 규범을 통한 포괄적인 윤리적 접근이다. 그 바탕 위에서 어떤 기술적 적용이 평가될 수 있다. 그런데 실용적인 문제로의 전환은 이렇게 하지 않는다. 우리 시대에 점점 더 파편화되는 전문화는 파편화된 사고를 부추긴다. 불행하게도 우리는 점점 더 작은 것에 대해 점점 더 많이 알게 된다.

특정한 기술 현상에 관심을 기울이는 것은 핵심적인 것으로부터 우리의 주의를 빼앗는다. 핵심적인 것이란, 우리 문화에서 일어날 수도 있는 방향전환과 사고방식의 전복에 대한 윤리적 물음들이다. 이것은 관련된 동기, 목표, 가치와 규범이 더 광범위한 수준으로 드러날 때 현실이 될 수 있다. 이것을 잘 알려진 슬로건을 이용해 다시 표현하자면, "전체적으로(전 세계적으로) 생각하고, 개별적으로(지역적으로) 행위하라"라고 할 수 있을 것이다.

포스트모더니즘

—

소위 '경험으로의 전환'은 포스트모더니즘과 잘 어울린다. 포스트모더니즘은 거대한 계몽의 내러티브에 대한 반대로 일어난 것이고, 근대 기술의 문제에 대한 반응이다. 그래서 포스트모더니즘은 기술적으로 비관적이라고 하는 것이다. 그러나 기술은 그 근원인 계몽주의를 배반한다. 그런 점에서 기술은 하이퍼모던이라 해야 할 것이다.

포스트모더니즘은 계몽주의의 변증법 중 한 가지 축을 강조한다. '경영과 통제management and control'의 축에 반대해 자유의 축을 선택하고, 보편적인 것보다 개인적인 것을 선택한다. 그래서 파편적인 것과 불연속적인 것을 일관적이고 연속적인 것보다 더 많이 제시한다. 포스트모더니즘은 실재에 대한 일관적인 비전이 결여되고 윤리적 상대주의를 지지한다는 점을 '경험으로의 전환'과 공유한다. 포스트모던 철학자 리오타르Jean-François Lyotard가 말한 대로, '거대 내러티브'에서 활동의 좁은 길로 관심이 옮겨간 것이다.

우리의 결론은 경험주의와 포스트모더니즘은 특정한 기술적 적용에 집중하기 때문에 더 포괄적인 기술의 윤리에 기여하는 바가 적다는 것이다. 어떤 면에서 경험주의와 포스트모더니즘은 내가 명명한 지배적이고 실용주의적인 '사례 연구' 기술윤리를 별로 건드리지 않고 그대로 놔둔 셈이다.

부적절한 '사례 연구' 접근

'사례 연구' 기술윤리는 큰 그림을 보는 데 실패한다. 왜 그런지 보여주는 예는 많다. 그중 네덜란드의 환경과 관련된 사례 하나만 제시하겠다.

환경기술의 도움으로 온실에서 작물을 환경적으로 깨끗하게 기르는 것이 가능한데, 이는 네덜란드에서 널리 퍼진 사업이다. 농부들도 이것이 좋은 생각이라는 데 동의한다. 미시적 수준, 즉 특정 온실의 차원에서 보면, 과거와 비교해 뚜렷한 진보가 확인된다. 그러나 한 장소에서 환경친화적으로 농사를 짓게 되면 관련된 부가비용을 치르기 위해 생산량을 늘려야 한다. 그 말은 에너지를 더 많이 쓰는 것이고, 이는 화석연료를 더 태워야 한다는 뜻이고, 결과적으로 공기를 오염시키는 일이다. 그래서 환경의 상황은 이전보다 더 나빠진다. 기술의 윤리에 대한 비전이 개별적인 기술 문제만을 다루는 데 그치면 이런 일이 발생하는 것이다.

우주론적 결핍과 윤리적 결핍

이제 이 장의 주요 주제로 돌아왔다. 나는 앞에서 현재 서양에서 인기 있는 세계와 삶에 대한 관점이 계몽주의의 정신과 이데올로기에 의해 자라났다고 말했다. 물론 계몽주의 덕분에 여러 가지 좋은 것들이 생겨난 것은 확실하다. 그러나 많은 악도 계몽주의에서 초래되었다.

나는 기술적 적용에 대한 우리 시대의 대중적인 관점이 우리를 쇠약하게 만드는 우주론적 결핍과 윤리적 결핍에 시달리고 있다고 본다. 우주에 대한 이야기들은 별로 가치가 없다. 실재의 다양한 측면, 깊이, 일관성, 완전성을 적절하게 반영하고 있지 못하기 때문이다. 실재는 과학적·기술적으로 통제할 수 있는가로 환원된다. 이것은 실증주의적인 우주론 혹은 기술적 우주론이다. 그리고 우주의 신적 기원에 대한 의존과 지향, 즉 모든 것의 초월적인 지향에는 아무런 관심도 기울이지 않는다.

이 우주론적 결핍 외에 우리는 윤리적 결핍도 경험한다. 인류를 둘러싼 실재는 유용한 대상으로서 조작 가능한 것으로 여겨진다. 이 윤리적 결핍의 가장 큰 특징은 사랑의 결여다. 예를 들어, 동물들은 인간에 의해 기술적으로 역할이 결정된 '생산자'가 되어가고 있다. 치료와 번식을 위한 인간 복제에 대한 생각 역시 이런 기술적 세계관에 잘 들어맞는다.

독일 철학자 슬로터다이크는 인류를 형성하는 데 있어 계몽주의의 영향은 충분하지 않았고, 사실 충분해질 수도 없다고 주장한다. 인간을 유전자적으로 변형하는 것이 다음 단계다. 슬로터다이크는 말한다. 그걸 최대한 이용해보자!

계몽주의를 계몽하기

—

주변에서 우리는 근대의 정신이 거침없는 기술 발전과 일치되는 것을 본다. 서구에 사는 대부분의 사람들은 여전히 계몽주의의 모티프를 고수하고 있다. 그러나 표면 아래를 보면 서구 문화는 오래된 계몽주의가 천착해온 완전한 자유에 대한 믿음과 기술적 관리 및 통제의 절대적 힘에 대한 믿음을 유지할 수 없다는 것이 점점 더 명백해진다.

'계몽Aufklärung'이 진정으로 원하는 바가 무엇인지에 관한 물음에 대해서는 위대한 철학자 칸트가 이미 고전적인 답을 제시한 바 있다. 그는 계몽주의의 해방된 인간은 그 위에 어떤 권위도 인정하지 않는다고 했다. "감히 너 자신의 이성을 사용하라." 칸트의 정언명법은 과학적 지식에서의 성장이나 의지의 즉각적인 행동에 의한 해방의 요청일 뿐 아니라, 과학적 지식을 통해 인간 삶의 모든 분야를 관리하고 통제하는 용감한 결정에 대한 요청이다. 이성은 힘의 도구로 받아들여진다. 다시 말해서, 인간은 과학과 기술을 통해 자기의 욕망에 따라 세계를 재창조하기를 원한다는 것이다. 그러나 계몽주의의 열망은 그것이 실현되면서 초래된 재앙들에 대해서는 눈을 감는다.

많은 사람들이 이미 이 사실을 지적했다. 우리 시대 모든 종류의 문화철학에는 이 '계몽주의'의 명백한 약점에 대한 비판이 포함된다. 사람들은 도구적 이성이 파괴적인 영향을 내포하고 있으

°

며 계속해서 유지하고 있다는 점을 보게 되었다. 기술은 더 이상 자유롭게 하는 것이 아니라, 인간과 자연 위의 권력을 갖게 되었다. 이 권력은 잔인하게 인간을 구속하고, 자연을 파괴하고, 지구를 위협한다.

이런 비판에도 불구하고, 현실적으로 대부분의 서구인들은 그들의 시작점을 포기하려 하지 않는다. 몇몇은 '계몽주의'가 의미하는 것에서 잘못된 것을 바로잡기 위해 보강을 하려 했다. 예를 들어, 아도르노Theodor Adorno와 호르크하이머Max Horkheimer는 추가적인 설명과 계몽주의의 심화를 원했다. 하스테드Heiner Hastedt 같은 사람들은 '계몽주의'의 프로젝트를 더 넓게 확장시키고자 했다. 그들은 '계몽주의'의 문제를 해결하기 위해서는 새로운 생태 윤리와 기술 시스템에 더 적절한 방향을 제시하는 윤리가 필요하다고 주장했다.

그러나 열심히 수정하려 노력하면서도 이들 사상가들은 절대로 과학적·기술적인 인간이 자율적이라는 생각을 포기하지 않았다. 그 자율성은 포기할 수 없는 것이었다. 그들은 이성을 이용해 더 풍성하고 넓은, 다면적인 합리성을 확보해 더 많은 영역에 적용하려고 한다. 그래서 기술적인 세계관은 이런저런 방식으로 변형되지만, 인간의 자율성에 대한 믿음은 여전히 고수한다. 형이상학적이고 영적인 물음들이 시간이 지나면서 무시되었다고 주장하면서, 이런 물음들에 좀 더 관심을 기울이는 제2의 계몽주의를 주장하는 사람들도 있지만, 이들도 인간의 자율성이라는 계몽의 시작점만큼은 충실하게 지켜낸다.

개혁주의 철학의 입장에서 우리는 계몽주의의 삶의 철학에 대한 근본적인 비판의 전통에 선다. 왜냐하면 그것이 인간의 자율성을 주장하면서 지적 자만과 권력에의 의지를 주장하기 때문이다. 우리가 계몽 이전으로 돌아가서 근대 이전의 상태에 머무를 수는 없지만, 이 비전의 파괴적인 결과를 인정하고 그 결과를 윤리적으로 매우 자세하게 들여다보아야 한다.

계몽주의의 우주론적·윤리적 결핍이 해소될 수 있을까? 그렇게 하기 위해서는 지금 제기되는 대안들과는 다른 접근이 필요하다. 나는 로르모저Günter Rohrmoser와 함께 '계몽의 계몽'을 제안하고자 한다. 이것을 성경 시편의 언어로 표현하면, "주의 빛 안에서 우리가 빛을 보리이다"(36:9). '계몽주의' 자체가 계시의 신적인 빛으로 계몽되어야 한다. 우리는 기술이 만드는 낙원과 기술이 만드는 지옥 중 하나를 선택할 필요가 없다. 그 딜레마를 초월하는 다른 길을 따를 수 있다. 하이젠베르크가 사용했던 배의 비유를 빌려서 표현하자면, 선장이 배를 바른 항로에 다시 올려놓기를 원한다면, 그는 하늘의 별을 올려다보고 자신의 방향을 정해야 할 것이다. 그래서 '기술 문화'는 기술 밖에 있는 영원한 관점에서 평가되어야 한다.

우선 우리는 창조된 실재에 살고 있다는 사실을 깨달아야 한다. 나아가 이 실재에서 하나님과 인간 사이에 단절이 일어났음도 알아야 한다. 그러나 하나님의 은혜로 그리스도 안에서, 그리스도를 통해 회복이 가능하게 되었다. 이제 우리는 사랑과 평화의 왕국에서 통용되는, 자유롭게 하는 관점으로 살 수 있다. 이 왕국에서는 자연과 인간의 삶이 궁극적으로 하나님의 영광으로 영원히 가득 차게 될 것이다. 그런 심오하고 종교적인 새로운 탄생과 방향전환이 기술의 윤리에 희망을 주는 밝은 빛을 비춘다.

우주론적 결핍과 윤리적 결핍의 해소

실재가 **창조된** 것임을 인정하고 상황을 바라보기 때문에, 우리는 실재에 대한 환원주의적이고 과학적인 접근을 확장하더라도 우주론적이고 윤리적인 결핍을 해소할 수는 없다고 믿는다. 시스템적 사고는 나름대로의 유익이 있지만 그것을 아무리 전체론적인holistic 접근으로 포장해도 결국 인간중심주의의 방향 설정에서 비롯된 추상적이고 과학적인 접근일 뿐이다. 인류가 더 이상 '주인이며 지배자'로 보이지는 않을지라도, 여전히 자기 자신의 내면적인 자원을 활용해 최종 결정을 내리는 자기충족적인 '파일럿'으로 여겨진다.

여기서 차원의 증가, 즉 **포괄적이고 전체론적인** 접근이 필요하다. 실재 전부가 과학적 분석 이전에 주어지고, 전달되고, 창조된 것으로 인정되어야 한다. 따라서 실재 자체는 자기충족적이지 않고, 그 근원인 하나님에게 의존하고 있으며, 항상 하나님과 연결된 것으로 파악되어야 한다. 이런 확신에서 나오는 우주론은 우리가 지적한 우주론적 결핍과 지배적인 기술적 세계관의 결과인 윤리적 위기를 원칙적으로 해소한다.

하나님이 창조된 질서에 내밀하게 개입하는 것은 사랑으로 특징지어진다. 그의 신적인 실재, 자신의 피조물에 대한 사랑으로 개입하는 것, 그리고 사랑할 것을 요구하는 그의 명령을 받아들임으로써, 지금까지 우리가 말해온 윤리적인 결핍이 지적될 수 있고 새로운 태도와 행동으로 바뀔 수 있다.

하나님과 이웃을 사랑하라는 명령이 인간을 위한 모든 동기와 명령, 가치, 규범의 중심이 된다. 모든 율법과 선지자들이 사랑의 명령에 기대어 있다고 예수님은 말씀하신다(마 22:40). 이 두 가지 사랑의 표현이 기술적 적용의 윤리를 위한 시작점이 되어야 한다. 사랑이 표현되어야 하는데, 특히 창조 안에서도 연약하고 부서지기 쉬운 피조물에게 그러해야 한다. 사랑은 창조된 모든 것과 신적인 비밀로 싸인 모든 것을 식별하게 해준다. 진심으로 이 진리에 동의한다는 것은, 기술적 적용을 위한 가치와 규범에 관심을 갖는 것 외에도 우리가 생태적·사회적 가치로 부름 받았다는 점을 의미한다.

하나님은 당신이 우리에게 허락하신 세계를 우리가 돌보는 책임감을 가지라고 우리에게 요청하신다.

문화에 대한 새 비전

우리가 이 새로운 헌신을 바탕으로 과학, 기술, 그리고 경제에 접근해갈 때, 문화철학자 한스 요나스Hans Jonas의 통찰이 도움이 된다. 그는 우리가 달에 갔다는 상상을 해보자고 제안한다. 우리는 우리 주위의 끝없는 우주를 보며 경이로워할 것이다. 우리는 다른 별과 지구를 함께 보며 우리가 사는 작은 행성인 지구가 얼마나 특별한지에 대해 깊은 인상을 받을 것이다. 태양계라는 그 압도적인 구도 안에 있는 유일한 녹색 행성이니 말이다. 우리는 지구 위에 대단히 다양한 생명이 살고 있다는 것을 안다.

우리가 달 위에서 생존하고자 한다면, 살아남기 위해서 필요한 모든 것을 지구에서 구해와야 할 것이다. 요나스는 그러나 달 위에 서서 우리는 지구가 죽음에 이르는 위험에 처해 있다는 사실을 갑자기 깨닫게 될 것이라고 경고한다. 모든 생명이 작금의 기술적·경제적 발달로 인해 위협받고 있으니 말이다. 이것은 응급상황이다. 무엇을 해야 할 것인가?

우리가 이 응급상황에 대해 생각해보면 무엇을 해야 할지가 보인다. 지구를 살리기 위한 책임 있는 구조 노력은 급진적으로 새로운 가치를 요청한다. 인류는 지구를 돌봐야 할 동산으로 보고 (창 2장) 가치 있게 다뤄야 한다. 인간 사회는 '교제가 이루어지는 장소', 공동체적 거주지가 되어야 한다. 그 안에서 자연과 기술, 그리고 문화가 완전히 서로에게 의지하는 곳이어야 하고, 모든 생명체가 의미 있는 자리와 충족해야 할 역할을 갖는 곳이어야 한다. 유토피아적 미래에 대한 그 어떤 낭만적인 생각도 처음부터 배제되어야 하지만, 하나님이 요청하는 '사랑하는 청지기' 정신으로 보면 하나님이 지구가 어떻게 되기를 바라시는지가 보인다.

기술을 포함한 인간의 모든 행위 또한 이 동산에 함께 사는 동료 생명체들을 존중하고 보살피는 것으로 시작되어야 한다. 모든 피조물의 본질적인 특성들이 존중되어야 한다. 그렇지 않으면 생명은 궁극적으로 끝날 것이다. 이는 자연을 목적 그 자체로 보는 자연숭배가 아니다. 반대로 창조자의 사랑과 창의성의 힘을 인정하는 것이다. 그 힘이 우리 인간들도 같은 방식으로 창조주에게 대답할 것을 요구한다. 우리는 하나님의 동산인 지구에 책임 있는 방식으로 거주하면서 그 안의 모든 생명체를 지지하고 강화할 의무가 있다.

지구를 하나님의 동산으로 보는 것이 우리를 행동하게 한다면 그것은 강력한 비전이 된다. 그것은 하나의 비유지만, 그 이상이기도 하다. 그것은 우리의 상상력을 사로잡고 꿈을 채운다. 하나님은 인류가 공동체적으로 거할 처소를 만들겠다는 의도를 가지고 그의 동산을 가꾸라고 하셨다. '하나님 동산의 교제가 거할 처소'라는 생각은 피조물 전체와의 연대와 인간의 피조물에 대한 의존을 모두 포함한다. 우리는 창조된 실재가 우리에게 선물로 주어졌다는 것을 알아차려야 한다. 인간은 마치 소중한 선물의 포장지를 조심스럽게 벗기듯이, 창조에 내재된 것을 **밝혀내고 발전시킬**

기회를 부여받았다.

피조물에 대한 우리의 관계를 이런 이미지로 표현하는 것은 그리스어 **오이코모노스**(영어 economy의 뿌리어), 즉 '가정을 관리하는 자'와 잘 어울린다. 모든 것이 우리가 이 '관리'라는 말에 어떤 의미를 부여하는지에 달려 있다. 우리가 이 동산에서 공동체의 집을 만들 때 '관리'라는 말은, 돌보고 소중히 여기고 지키고 보존하는 것이 경작하고 추수하고 생산한다는 의미를 갖는다. 근대가 중시하는 생산량 증가나 기술로 문화적 개발을 가속화하는 것은 바뀌어야 한다. 우리는 이 동산에서 기술관료적이 되거나 통제하고 지배하며 스스로를 섬기는 주인이 되어서는 안 된다. 오히려 현명하고 이해심 있는 청지기가 되어, 인간과 피조물이 **공생관계로 함께 살아가는** 데 도움이 되는 규모와 속도로 이 동산을 가꿔야 한다.

세계은행의 경제학자 허먼 데일리Herman Daly가 표현한 것처럼, 우리는 지구의 잠재적 비옥함을 최대한 증진시켜야 한다. 지구의 비옥함은 현재와 미래의 모든 사람들에게 도움이 된다. 문화의 책임 있는 발전은 의식적으로 우리에게 주어진 '자본'의 이익을 통해 살되, 자본 그 자체가 완전히 감소되거나 완전히 사용되지 않도록 하는 것이다. 이것이 바로 인류가 창조의 좋은 청지기가 되어야 한다는 생각에 맞는 핵심 개념이다.

문화에 대한 새로운 비전은 기술·경제 질서의 근본적인 방향 전환을 위한 추동력이 된다. 이 비전은 우리가 목도하는 현재의 성장보다 더 균형 잡히고 선택적인 성장의 여지를 만든다. 우리는 지구 위에 사는 다양한 동물과 식물을 보존하려 할 것이다. 자연의 순환이 중지되지 않고 축복의 샘이 마르지 않는 한 생태학, 기술 그리고 경제는 서로 균형을 맞출 것이다. 우리의 지구, 하나님의 동산은 소중하게 여겨질 것이다.

차가운 현실주의가 이 지점에서 필요하다. 우리는 죄로 인한 타락, 즉 하나님과 인간 사이의 소외 때문에 인류의 조건이 급진적으로 바뀌었다는 점을 기억해야 한다. 인간은 가시와 엉경퀴, 죽음을 경험하며, 그 결과는 기술 안에서도 보이고 느껴진다.

그러나 그리스도 안에 있는 하나님의 구속적 은혜로 우리의 부서지고 어두워진 피조물에도 이제 희망적인 전망이 보인다. 우리 존재의 진짜 목적은 이제 하나님의 나라를 부르는 것이다. 이것을 인정하면 인간을 포함한 모든 피조물 안에서 지속적인 투쟁이 일어난다. 그러나 희망이 있다. 하나님의 나라를 기대하는 것은 우리 시대의 물질주의적이고 쾌락주의적인 태도와는 크게 다르다. 예수님은 "사람이 만일 온 천하를 얻고도 제 목숨을 잃으면 무엇이 유익하리오?"라고 물으신다(마 16:26).

전통적인 인간주의적 윤리의 접근

우리가 답하고자 하는 물음은 다음과 같다. 오늘날 기술의 윤리에 나타나는 결핍을 극복하기 위해 가장 적당한 윤리적 접근은 무엇인가?

여전히 영향력이 큰 서양의 인간주의적 윤리 접근이 두 가지 있다. 하나는 의무의 윤리(의무론, 칸트)이고, 다른 하나는 목적론적 접근(결과주의, 밀)이다. 내 생각에 이들은 근대 기술의 복잡한 현상을 다루기에 부적절하다. 기술적 적용은 인간과 도구의 단순한 관계로 특징지어질 수 없다. 과학이론이 기술에 점점 더 많이 적용됨으로써 기술적 적용은 훨씬 더 역동적인 시스템이 되어 전 세계적인 효과를 나타내고 있다. 게다가 근대 기술은 경제사업과도 얽혀 있다. 이는 새로운 게임이어서 칸트나 밀은 별 도움이 되지 않는다.

이 전통적인 윤리 시스템의 약점은 무엇인가?

의무윤리(칸트)는 역사적 발전 과정을 통해 과도하게 실용적인 윤리가 되어버렸다. 한때 영구적인 것으로 여겨졌던 규범들은 상대화되었다. 그런데 실용주의는 기술의 도전을 다루기에는 허약하다는 것이 밝혀졌다. 주위를 둘러보라.

목적론적 혹은 목적 지향적인 결과주의 윤리(밀)도 충분치 않다. 그 이유는 목표를 평가하는 것(최대 다수의 최대 이익)이 수단을 평가하는 것(그 결과에 이르기 위한 좋은 방법이 무엇인가?)과 분리될 수 없기 때문이다. 목표를 이루는 과정에서 채택된 방법과 그것을 따르는 방식에 관심을 가져야 한다는 것은 당연하다. 다시 주위를 둘러보고 인간주의적 접근이 기술혁명을 다루는 데 있어 적절한 방법을 제공했는지 보라. 상황은 엉망이다. 우리는 도움이 필요하다.

이것이 바로 윤리학자들이 게임규칙의 윤리를 제시하는 이유다. 그러나 이것도 실용주의적인 윤리와 별반 다르지 않다.

그래서 나는 우리 기술 시대를 위한 전혀 새로운 접근이 필요하다고 생각한다. 내가 '기술적 윤리'라고 부르는 것의 지배가 초래한 현재의 재앙은 대안을 요구하고 있다.

대안적 윤리

내가 보기에 **응답**을 지향하는 **책임윤리**가 우리의 시대에 기술의 윤리를 세우는 데 더 우월한 접근이다. 이것은 **에토스, 동기, 가치, 규범이 대화에 부쳐지고 물질주의적이고 인간에 편향된 실재보다 더 포괄적인 실재의 비전**에 기반한 윤리다. 우리는 하나님이 우리 지구를 사랑하는 청지기를 부르시는 것에 응답할 것을 요구받고 있다.

이 책임윤리는 흔히 사람들이 생각하는 것과 같은 철학적인 기원이 없고 **신학적인** 기원만 있다. 요나스가 책임윤리에 대해 책을 쓰기 전에 니버Reinhold Niebuhr나 바르트Karl Barth 같은 신학자들이 책임윤리에 대해 쓰고 있었다. 1948년 세계교회협의회가 만들어졌을 때 책임윤리는 이미 사회에 대한 토론에서 주도적인 원칙이었다.

책임이라는 말은 우리 기술 시대에 적절한 말이다. 기술 발전에 관여된 모두가 **공식적인 후견인이나 청지기**로서 전권대사의 힘을 가진 것처럼 행동해야 한다는 사실을 표현하고 있기 때문이다. 우리가 우리 기준을 발명한 것이 아니다. 우리는 자수성가하려고 노력하지 않는다. 우리는 고요한 우주에서 자율적인 존재로 우리 자신을 보지 않고, 하나님의 부름에 **응답하기** 위해 창조되었다고 생각한다.

관련된 모든 사람이, 궁극적으로는 하나님 앞에서, **자신의 행동에 대해 공개적으로 설명할 수 있어야** 한다. 모든 사람이 어떤 근거로 그 일을 하고 있는지를 말할 수 있어야 한다. 문화에 대해 어떤 기본 입장을 가지고 있는가? 어떤 에토스, 동기, 가치, 원칙, 규범이 자기의 활동을 근거 짓는가?

문제가 있는 기술 개발에 대해 이야기할 때 '윤리'를 끌어들이는 것은 흔히 "무엇을 용인해서는 안 되는가?"라는 부정적인 질문과 연결된다. 그러나 책임윤리에서는 이와 반대다. 우리는 긍정적인 것을 강조하는 것으로 시작한다. 예를 들어, 근대 기술이 시작되어 새로운 가능성들이 생겨났을 때에는 사람들을 도와 고통과 필요에서 해방시키는 것에 대해 말한다. 이런 점에서 섬김에 대한 '부름'은 기술 세계에서 책임의 윤리와 잘 맞아들어간다. 기술의 세계도 하나님의 세계이기 때문이다.

책임윤리의 좋은 시작점은 관련된 기술의 '행위자'들이 자신들의 행위가 초래할 긍정적인 잠재성을 보다 잘 의식하게 하는 것이다.[7] 우리는 그들이 자신들의 행동에 전적으로 책임을 져야 한다는 것을 강조하면서, 그들의 활동에 대해 공개적으로 설명할 수 있어야 한다고 요구한다.

지구를 하나님이 주신 동산으로 보는 비전을 가지고 조화롭고 전 세계적인 교제가 거할 처소로 만드는 방향으로 나아갈 때 가장 중요한 것은, 세상을 살 만하고 지속 가능하게 만들도록 돕는 것이다. 우리는 모든 이의 삶을 위한 기본 필요를 공급하고 모든 사람과 지구 위의 모든 생명체가 부담과 질병으로부터 놓여나도록 도우라는 부름을 받았다. 기술에 관련된 모든 사람들, 과학자, 개발자, 사용자 모두는 그런 비전과 그런 활동을 하도록 부름 받은 것이다. 이것이 **하나님 앞**Coram Deo, 즉 그의 위대한 현존 앞에 선 자의 공통된 책임이다.

동기의 경신

우리는 지금까지 오늘날 기술을 기술적 적용에 의해 심대한 영향을 받은 농업, 경제, 정치 등의 영역을 지배하는 에토스가 절대적 권력과 통제하는 관리에 대한 열망이라고 할 수 있음을 보았다. 이 에토스가 과학에서는 '지식이 힘'이라는 동기로, 기술적 적용에서는 '기술을 위한 기술'의 동기로, 나아가 "만들 수 있는 것은 만들어야만 한다"는 기술적 완벽의 동기로 구분되어 나타난다. 산업적 농업에서 추수는 고삐 풀린 과학적·기술적 힘의 도움으로 착취적이고 약탈적인 결과를 낳고 있다.

돈의 힘과 물질적 이윤이 유일한 가치로 인정받는 물질주의적 경제와 정치 때문에 지배적인 문화적 권력은 한 움직임으로 스스로를 묶어가면서 점점 강화되고 있다. 이 문화적 권력들의 융합은 문화적 탈구dislocating 라는 결과를 초래했다. 이 융합이 권력의 비대화, 거대화, 집중화 외의 다른 가치에 도움이 될 수 있다는 생각은 환상이다.

지구를 하나님이 주신 동산의 이미지로 보고 교제가 거할 처소로 만드는 방향으로 나아갈 때, 인간은 자신의 문화적 행위에 있어 자신을 부인하고 하나님과 이웃을 사랑하기 위해 부름 받은 존재로 보이게 된다. 그런 건강한 에토스를 통해 다양한 문화적 활동들의 바탕이 되는 동기들은 지금 유행하는 것들과는 다른 내용을 갖게 된다.

자기 이익을 추구하는 힘의 에토스 대신, 사랑의 에토스는 다른 방향을 가리킨다. 과학과 관련해서 이 말은 우리가 지혜를 추구하도록 부름 받았다는 것을 의미한다. 기술적 적용과 관련해서 우리는 건설하고 유지하기 위해 부름 받았다. 농업과 관련해서 우리는 피조물을 **추수하고** 보호하며 돌보기 위해 부름 받았다. 경제와 관련해서는 좋은 청지기가 되도록 부름 받았고, 정치와 관련해서는 법의 지배와 공공의 정의를 확장하기 위해 부름 받았다. 이렇게 우리 시대의 지배적인 힘으로부터 이탈하는 패턴이 문화를 꽃피우는 중요한 시도를 위해 추구해야 할 길이다.

다음에서 과학과 기술적 적용의 진정한 동기에 대해 좀 더 이야기해보자.

과학, 지혜의 자람

—

근대 과학은 기술적 관리와 통제의 마음가짐에 큰 영향을 받았다. 그것은 단순히 그 적용의 결과 때문에 기술적 활동이 되는 것이 아니다. 그것이 기술적인 이유는 그 활동이 실재를 측정과 예측 가능성의 틀을 통해서만 보고, 일반적으로 실재를 관리 및 통제하는 데만 관심이 있기 때문이다. 오해하지 말자. 많은 과학자들은 그들이 궁금하기 때문에 혹은 그들이 진리에 관심이 있기 때문에 실재를 더 잘 알기 원한다고 말할 것이다. 그러나 이것이 나의 주장, 즉 근대 과학은 '전체적으로 보아 im grossen und ganzen' 그 핵심 존재 면에서 기술적이 되었다는 주장을 바꾸지 못한다. 이는 우선 지배적인 문화적 동기와 그것을 몰아가는 문화적 권력 때문이다.

실재의 기원과 의미가 과학에 선행한다는 것을 인정할 때에만, 그리고 도구주의에 기반한 과학적 방법론이 거부될 때에만, 과학이 실재의 충만에 적절하게 연결될 수 있다. 과학은 경험의 충만한 실재에 통합되고, 실재의 지식의 형태로 깊어져야 한다. 그러면 과학적 지식은 우리의 지혜가 자라는 데 도움이 될 것이다.

이렇게 과학을 한다면 실재에 대한 종합적인 통찰을 점점 더 많이 확장시킬 것이다. 과학의 목표는 통찰을 얻고 실재에서 일어나는 일들에 대한 인간의 책임을 강화하는 것이다. 하나님의 동산으로서의 실재가 '교제가 거하는 처소'로 자라가는 것을 보면서 말이다.

이렇게 본다면 과학에서 다학제적 접근은 매우 바람직하다. 우리는 기술적 적용에 포괄적인 기반이 필요하다는 사실과, 지혜를 자라게 하는 데 기여하는 그 기반이 기술의 영역에서는 모든 차원에서 생명을 섬기는 데 창조적이고 조심스러운 방법으로 이끌 것이라는 점을 너무 모른다. 만약 다학제적인 접근이 기술과 관련해 좀 더 시행되었다면 생물학이나 생태학 같은 분야들도 기술과학을 위한 기초 학문으로 오래전에 인정되었을 것이다.

보철로서의 기술

—

내가 과학 일반에 대해 말하는 바는 기술적 과학과 기술, 내가 쓰는 용어로는 기술적 적용의 연구에도 적용된다. 기술 역시 과학적·기술적 통제와 관리의 수단으로서만 사용되어서는 안 된다.

기술에 대한 도구적 개념을 채택하면 기술 개발의 과정에서 얻은 놀라운 발견들을 공평하게 평가하지 못한다. 많은 이들이 발견은 기술적 적용의 핵심이라고 말한다.

다시 말해서, 인간의 창의성은 과학에 의해 속박되면 안 된다는 것이다. 그 대신 창의성은 오래되었거나 새로운 과학적 지식에 의해 자극되어져야 한다. 대학에서 공학을 연구할 때 발견이나 혁신에서 진정한 창의성에 더 관심을 가져야 한다. 그래야 기술이 생명을 섬기는 방향으로 발전할 수 있다. 왜냐하면 우리가 살펴본 것처럼, 기술적 적용의 동기는 생명과 사회를 살리는 것이어야 하기 때문이다. 기술적 적용들은 개인적으로나 공동체적으로 일종의 보철로서 기능해야 한다. 그럴 경우 인간은 기술의 노예가 아닌 통제자로 남을 수 있다.

여기서 작은 규모의 기술적 적용을 생각할 필요는 없다. 거대한 기술적 적용인 네덜란드의 오스터스헬데Oosterschelde를 가로지르는 댐을 예로 들어보자. 이 댐은 바다를 향해 반 정도 열린 상태로 운용할 수 있다. 이것은 기존의 경향으로부터 벗어나 안전과 환경, 그리고 자연을 보존하려는 시도의 사례다.

"그럼 그 비용은 어떻게 하나요?" 가능한 반론이다. 이런 이상을 실현하는 데는 사실 비용이 많이 든다. 그러나 일반적으로 근대의 기술적 적용은 너무 싸다. 이는 우리가 최초의 경제적 비용, 혹은 더 정확히 말하면 생산비용만을 고려하고 자연과 환경에 끼치는 장기적인 해악에 대해서는 관심을 거의 기울이지 않기 때문이다. 또 다른 이슈를 언급하자면, 효율성을 위해 안전을 희생하기 때문이다. 이것들이 기술적인 세계관의 지도를 맹목적으로 받아들인 결과다.

근대 기술에서 우리가 분명히 목도하는 특별한 사실은 우리가 지구와 사회를 섬기는 데 충분히 집중하지 못한다는 것이다. 기술적 적용이 더 복잡해지면서 무모하고 태연한 태도도 늘어났다. 그러나 기술의 유혹에 저항하는 것으로 이익을 볼 수 있다. 하나님의 지구 위에서 사는 우리의 삶에는 교만보다 겸손이 요구된다.

다른 가치들

생태적 가치란 무엇인가? 몇 가지가 있다. 생물다양성을 지키는 것, 깨끗한 물·토양·공기를 유지하는 것, 비옥한 토지를 유지하고 만드는 것, 우리가 사는 환경을 전반적으로 개선하는 것 등. 생물권biosphere을 잘 지키기 위해서는 위험한 가스의 배출과도 싸워야 한다. 기술적 적용은 자연과 생물의 환경에 맞춰져야 하고, 생명의 다양성은 유지되어야 한다.

생존 가능성, 안전, 신뢰, 음식과 건강의 기본 필요를 충족시키는 것, 고통 및 질병과의 투쟁, 자연의 위협과 싸우는 일 등과 관련된 기술적이고 경제적인 가치는 모두 치유, 지속 가능성, 작업에서 일어나는 물리적 부담을 제거하는 것 등을 목표로 한다. 물리적 필요 외에도 영적 성장, 인간관계, 공동체적 삶 등이 우리 삶의 목적이 된다. 이것을 통해 우리는 기술적 가치들이 어떻게 사회적 가치들과 연결되는지를 보게 된다.

사회적 가치들은 공동체 정신, 검소함과 정의의 정신, 정보와 소통을 강화하는 것들이며 이는 전체적인 사회적 복지다. '휴식', '자유시간', '영적 번영' 등 기술 시대에 잊힌 사회적 가치들을 여기서 언급하는 게 너무 지나친 일인가?

규범의 종합적인 틀

기술 개발과 관련해 나는 지금까지 문화에 대한 이미지, 에토스, 동기, 가치 등 우리가 항상 염두에 두어야 하는 것들에 대해 이야기해왔다. 기술은 존재하는 다양한 생활의 양식을 섬겨야 하고, 우리가 살아가는 '하나님의 동산'의 책임 있는 발전에 맞춰져야 한다. 우리의 맥락이란 언제나 현재의 상황이다.

우리는 '규범이 있는normed' 방향으로 여행할 것을 요구받는다. 우리가 바른 방향으로 가고 있는지 아닌지를 보기 위해서는, 여러 가지 원칙과 가치 및 그것들로부터 비롯되는 규범들을 기준점으로 삼아야 한다. 이 원칙들은 기술적 적용과 관련이 있을 뿐 아니라, 기술적 적용들이 인간의 삶, 자연, 사회와 맺게 되는 다양한 관계들과도 관련이 있다.

'원칙과 규범들의 종합적 틀'이란 철학에서 말하는 구조의 개념에서 비롯된 것이다. 다시 말해서, 개혁주의 철학의 우주론은 책임 있는 기술 개발에 도달할 수 있는 유용한 기준선grid이 된다.

그 규범들은 다음과 같다.

1. 문화·역사적 규범, 효율성의 규범.
2. 연속성과 불연속성 및 큰 규모와 작은 규모, 그리고 융합과 차별, 보편성과 개별성의 조화 규범.
3. (모든 행위자가 참여하는) 명확한 정보와 열린 소통의 규범.
4. 인간·기술·자연·사회의 조화 규범, 청지기 정신, 효율성, 자연과 문화에 관련된 행위자에 대한 보편적 정의의 규범.
5. 기술 개발에 관련된 모든 것과 모든 사람에 대한 존중과 돌봄의 규범.
6. 섬김, 신뢰, 신앙의 규범.

이 틀 안에서 우리는 무책임한 위험을 감수하거나 안전을 돌보지 않으려는 생각으로부터 거리를 두어야만 한다.

내 저작들에서 나는 이 규범의 종합적 틀을 다뤄왔다.[8] 그런 규범적 틀을 존중하는 것은 일면적인 기술 개발을, 책임 있고 풍성하게 다양한 자연과 사회의 펼쳐냄으로 바꾸는 데 도움을 준다. 기술은 자연과 사회를 억압하는 것이 아니라 섬기게 된다. 우리의 목표는 일면적이거나 일차원적인 기술적 문화가 아니라 문화를 풍요롭게 꽃피우는 것이다.

기술적 세계관으로부터의 해방 새로운 종류의 윤리

문화의 방향전환의 결과

나는 이제 새로운 문화적 접근의 결과에 대해 이야기하려 한다. 꼭 기억해야 할 것은, 내가 지금까지 서로 다른 두 지향을 다소 인위적인 방식, 즉 흑과 백의 대립적인 방식으로 그려냈다는 점이다. 현실에서는 그런 극단적인 대립이 존재하지 않는다.

우리가 창조된 실재를 인정하면 어떤 일이 일어나고 있는지를 더 잘 알 수 있다. 기술적인 세계관은 창조된 실재에 붙어사는 일종의 기생충이다. 그것은 실재를 방해하지만 실재와 분리될 수 없다. 이것이 기술적 세계관이 그렇게 유연해 보이는 이유고, 세계관으로서 실질적으로 사람들에게 충분치 않게 느껴지는 이유다. 그러나 다행스럽게도, 유익하고도 도움이 되는 비일관성이 있게 마련이다. 반대로, 창조된 실재를 인정하는 우리는 너무 자주 무의식적이고도 건강하지 못한 방식으로 기술적 세계관에 사로잡혀 고통받곤 한다.

이와 관련해 자연파괴의 원인에 대한 대화를 살펴볼 필요가 있다. 자연의 파괴가 과연 창세기 1장 28절의 "땅을 정복하라"라는 문화명령과 관계가 있는가? 기술적 세계관에서 이 문화명령에 기대는 것은 큰 문제로 이어질 수 있다. 왜냐하면 그 해석은 지구를 보호하고 돌보고 지속시키는 것에 거의 아무런 관심도 두지 않기 때문이다. 내 견해로는, '교제가 거할 처소'로서 하나님의 동산에 대한 이미지를 가지고 이 명령에 호소할 때 훨씬 더 조화로운 기술적 적용의 개발이 가능해질 것이다. 그래서 내가 **문화명령**보다 **창조명령**을 더 선호하는 것이다.

어떤 경우에든 우리는 좋은 길을 계속 선택해야 하고, 이는 게 으름 피우지 않는 투쟁을 의미한다.

길 잃은 자를 위한 안내

지금까지 나는 현재 통용되는 윤리적 관점과는 다른 관점에서 기술 현상에 접근하려 해왔다. 여기서 제기되는 물음은 이 관점이 많은 이들이 '사례'라 부르는 다른 개별적 기술 현상에 대해 어떤 다른 의미를 갖는가 하는 것이다. 앞에서 나는 '사례'들을 미시적 차원에서 관찰하면 어떻게 윤리적인 개선을 할 수 있는지가 보이 지만, 거시적 차원의 현상과 관련해서 보면 그것은 한시적인 효과 밖에 거두지 못한다고 주장했다.

내가 기술한 윤리적 관점은 문화, 에토스, 동기, 가치, 규범의 이 미지에 관심을 기울이는 것이다. 이 관점은 화합하는 윤리적 평가 의 틀에서 작동해야 한다. 그런 틀이 실재적이고 개별적인 기술 문제들을 분석하고 평가할 때 '점검표'로 사용되는 것이다. 이렇 게 평가된 '사례'들이 일반적으로 책임 있는 기술적 적용의 개발 에 연결될 수 있다. 다시 말해서, 기술의 미로에서 길을 잃은 사람 들에게 그런 윤리적 평가 틀이 좋은 안내서로 사용될 수 있다. 언제나 완전히 다른 행동을 하라는 결과가 나오지는 않겠지만, 그 행동은 **다른 방식으로** 수행될 것이다. 물론 어떤 경우에는 다른 방향을 선택하는 것이 다른 기술적 적용을 선택하는 것을 의미하겠지만 말이다.

우선순위

———

예를 들어보자. 과학과 기술적 적용에서는 특이하고 주목할 만한 결과를 내기 위해 노력하는 것이 일반적이다. 그 결과 단순한 사회적 정의 같은 보통의 영역은 무시되고 만다. 많은 사람들을 질병으로부터 건져낼 수 있는 기술적 적용은 별로 관심을 끌지 못한다. 우주여행같이 과도하고 돈만 많이 드는 대형 프로젝트의 경우를 보자. 그런 프로젝트가 흥미롭지 않은 것은 아니다. 그러나 비용과 사회적 정의를 고려할 때 좀 다른 우선순위를 택하는 것이 맞지 않을까?

또 다른 정의롭지 못한 예도 있다. 하나님이 주신 원자재를 나눠서 '교제가 거할 처소'에 함께 사는 가난하고 어려운 사람들과 함께 사용해야 하지 않을까? 우리가 우선순위를 바꾸면 모든 사람들에게 필요한 것을 줄 수 있다. 기아는 많은 경우에 일면적인 기술적·경제적 개발에 의해 초래된다. **"모든 필요는 충족할 수 있지만, 모든 탐욕을 충족시킬 수는 없다."**

미래의 기술적·경제적 개발과 관련한 의식적 계획이 정치에서 강조되는 것이 매우 중요하다는 것을 곧 밝히려 한다. 여기서는 일단 올바른 우선순위와 관련해서, 오늘날의 경향처럼 사건이 터진 후에 고민하는 것보다 선제적으로 앞날에 대해 숙고하는 데 관심을 기울여야 한다는 점만 언급하자.

적응하는 기술

＿

근대의 기술적 적용은 인간, 문화, 그리고 자연 경관이 존재하는 실제적이고 특별한 상황과 연결되어야 한다. 그러므로 근대의 기술적 적용은 생태적·문화적으로 책임을 져야 한다. 이를 '적응하는 기술adaptive technology'이라고 한다. 헝클어진 것을 보면 균형을 회복해야 한다. 좀 더 신경을 썼더라면 자연 경관에 미친 피해를 얼마나 많이 회복하거나 막을 수 있었을 것인가? 이는 전통적 장인이 기술적 적용을 수행하던 시대로 돌아가자는 말이 아니다. 기술의 근대화는 이미 주어진 것이다.

기술 개발에 있어서의 차별화는 문화적 차원을 가져야 한다. 기술적 적용은 문화를 풍성하게 해야지, 피폐하게 해선 안 된다. 슬프게도 개발도상국에서 우리는 후자를 목도하고 있다. 근대 기술을 받아들이는 것은 많은 경우 존재하는 문화적 다양성에 적응해 가는 것이 아니라, 그 문화와의 단절을 의미한다. 이상하게도 엄청나게 현대적인 산업과 함께 가난한 대중이 살아가는, 제멋대로 퍼져나간 더러운 도시는 슬픈 결과를 초래한다. 시골의 인구는 줄고 그에 따라 오래된 문화는 파괴된다.

선진국과 그 산업에도 과도한 발전에 따라 자연이 기술적 적용 때문에 고통을 받는 심각한 문제가 있다. 이 사실은 점점 확연해지는데(특히 공학자, 기술적 과학자, 기술자에게 더 그러하다) 바로 파괴적인 쓰레기 상품들이 책임 있는 기술적 적용과 모순된다는 점이다.

여전히 취할 점이 많은 슈마허의 사상, 즉 적응하는 중간 기술 혹은 소규모 기술에 대한 요청에 관심을 기울이는 사람이 적다는 것은 매우 유감스러운 일이다. 에너지 위기에 처했던 1970년대에는 그의 사상에 여러 사람이 관심을 가졌다. 하지만 그 위기가 사라졌을 때 사람들은 슈마허의 사상을 희화화했다. 그는 원시 시대나 과학 이전의 기술 시대로 돌아가자고 주장한 것이 아니다. 오히려 자연, 문화와 인간을 연결하는 기술을 개발하자고 한 것이고, 그랬기 때문에 인간의 규모에 맞추자고 한 것이다.

우리는 엄청난 기술적 힘을 가지고 있지만 여전히 망가지기 쉬운 생태계에 의존할 수밖에 없다. 그런데 일반적으로 보아, 작금의 기술적·경제적 힘은 이 시스템에 대해 충분한 계산을 하지 않는다. 그래서 발명과 혁신을 일으킬 창의적이고 발명적인 기술이 요청되는 것이다. 경제적으로 생산적이고, 생태적·문화적으로 적응이 가능하면서도, 사회적으로 공의롭고 인격적이며 공동체적인 삶을 만족시키는 적용이 필요하다. 컴퓨터 기술과 인터넷이 이 지점에서 여러 가능성을 제공한다. 그것들을 통해 권력의 탈집중화가 가능해지기 때문이다. 기술이 우리를 강하게 만들 때 그것을 지혜롭게 쓰기 위한 비전이 더 분명해져야 한다.

적응적 농업

—

이 말이 의미하는 바를 보여주는 예로 근대의 기술적 적용이 산업적 농업에 초래한 결과가 있다. 산업적 농업에서 우리는 반복적으로 '기술화'의 잘못을 저질렀다. 한편으로는 근대 기술이 생산비용을 낮추는 데 기여했지만, 다른 한편으로는 늘어난 생산이 농부와 동물, 환경에 피해를 끼쳤다.

분명한 문제들은 다음과 같다. 토양의 소진과 오염, 새로운 토양의 병, 경관의 훼손, 생명다양성의 손실, 시골의 불분명한 미래 등. 농업을 통해 우리는 생명의 실재와 상호 작용하는 것인데, 우리는 너무 자주 자연을 무생물인 기계처럼 여긴다. 통제와 관리의 과학적·기술적 이상에 사로잡혀 농업은 그 생태적·생물적·문화적 맥락에서 소외되어버렸다.

생태주의적·친환경적 농업을 장려함으로써 우리는 관계의 건강을 회복하는 것을 도우려 한다. 질적으로 좋은 제품과 환경에 유익함을 동시에 추구할 수 있다. 이런 농업을 통해 우리는 낭만적인 과거로 돌아가는 것이 아니라, 질적으로 높은 수준의 생물학적 지식과 토양과학의 토대 위에서 토양, 식물, 동물과 지혜롭게 상호 작용하게 되는 것이다.

유전자 변형

새로운 기술이 규범적 틀을 결여하고 있다는 사실은 식물, 동물, 인간의 유전자 조작 도입에서 잘 드러난다. 응용생명기술에서는 일반적으로 생명이 진정 무엇인지에 대해 정의로운 접근이 이루어지지 않는다. 생물의 유전자 구조를 레고 블록의 구조와 비교하는 것이 그런 예다. 이런 종류의 환원주의나 생명의 가치를 저버리는 태도 때문에 생명공학(유전자 변형)이 예상치 못한 문제들에 부딪히는 것이다.

유전자 변형은 비판적으로 그리고 윤리적으로 검토되고 법적으로 통제되어야 한다. 현재의 개발은 예측 가능하지 않고 유해하며, 그 부정적인 결과는 돌이킬 수 없을 가능성이 크다. 기술적 모델이 아닌 다른 방식의 접근이 생물을 다루는 데 적용되어야 한다. 생명체를 생명의 총체로 보는 새로운 모델을 통해 생명이 보호되고 소중히 여겨질 것이다.

식물, 동물, 인간의 유전자 변형 가능성과 관련한 한, 일반적으로 나는 "~가 아니라면 반대합니다"라고 말하는 것에 찬성한다. 다행스럽게도 이 원칙은 많은 이들이 동의하는 바다. 이 반대는 우리가 자연을 병들게 하거나 훼손시키지 않도록 해준다. 그리고 유전자 변형 식물 때문에 생물다양성이 줄어드는 것을 막아준다. 그래도 그런 기술을 사용하려 한다면, 그것은 좋은 논증에 기반해서만 허용되어야 한다. 이 영역에서 일어나는 위험들에 대해 사업가들만 자기들끼리 책임을 지도록 해서는 안 된다. 평가를 위한 틀에 기반한 정치적인 결정이 요구된다.

인간의 유전자 변형은 특별한 물리적 장기와 관련해서만 고려되어야 한다. 인간 전체와 관련된 생식세포의 유전자 변형은 금지되어야 한다. 치료적 인간 복제나 생식의 차원에서 일어나는 인간 복제의 이론적 가능성을 받아들이는 사람은 감사하게도 소수에 불과하다. 이런 상황이 지속되기를 바랄 뿐이다.

대안 에너지
—

대안 에너지에 대한 물음도 시급하다. 우리는 지속 가능하지 않고 온난화와 오염을 초래하는 에너지를 대체할 대안을 찾기 위해 더욱 창의적이 되어야 한다. 지금 사용하는 원료로부터 깨끗한 에너지를 최대한 많이 얻기 위한 노력도 해야 한다. 예를 들어, 쓰레기 소각 발전 같은 것 말이다. 장·단기적 재활용을 극대화하는 것도 중요하다.

이미 새로운 자연적 에너지원을 개발하기 위한 위대한 흐름이 세계를 휩쓸고 있다. 곳곳에서 풍부하고 고갈되지 않으며(않거나) 재활용 가능한 새로운 에너지원에 기반한 새로운 기술이 등장하고 있다. 수소, 광전지, 바이오매스, 풍력에너지, 지열에너지, 조수에너지 등. 우리는 이런 기회를 환영하는 한편, 에너지 문제에 대한 단순한 기술적 접근의 위험을 항상 조심해야 한다.

딜레마

기술의 방향전환을 위한 노력은 많은 딜레마에 봉착한다. 어떻게 과거의 에너지 형태에서 새로운 에너지 형태로 전환할 것인가? 기존 기술을 갑자기 대체할 수는 없는 노릇이다. 이 기존 기술과 관련해서 해결해야 할 시급한 문제들이 있다. 그중 하나가 핵발전소에서 나오는 방사능 폐기물이다. 우리는 방사능 물질을 덜 해롭게 만들기 위한 연구를 지속해야 한다. 만약 그것이 불가능하다면 핵에너지를 완전히 없애는 것만이 유일한 대안이 될 것이다.

정치적 행동

인간의 활동이 서로 얼마나 밀접하게 얽혀 있는지에 대해 우리는 점점 더 많이 알게 되었다. 우리의 자유시장 경제에서 '자유'를 '책임을 동반한 자유'로 이해한다면, 내가 지금까지 제시한 윤리적 틀이 점점 더 필수적이 될 것이다.

현실은 우리에게 경제적 권력은 기술주의를 강화시키지 약화시키지 않는다는 점을 가르쳐준다. 정치적인 영역에서 해롭고 잘못된 움직임들이 드러나고 그에 대한 저항이 일어난다. 우리는 사회의 기술화를 정치적 활동을 통해 중지시킬 방도를 찾아야 한다. 우리는 분명히 기술 발전의 다른 방향을 택해서, 넓은 의미에서 규범을 따르고, 그에 따라 다른 구조를 가진 기술을 추구할 수 있다. 이 방향은 환경, 동물, 인간, 문화에 친근한 방향이 될 것이다. 사람들이 실험실에서, 산업에서, 그리고 사회 전반적으로 더 의식적으로 도덕적인 방식으로 행하게 하는 새로운 법적 절차가 필요하다.

그런 국가적인 정치적 움직임(구체적으로 네덜란드 정치를 염두에 두고 하는 말이다)이 효과를 발휘하기 위해서는, 우리의 글로벌 문화를 고려할 때 이런 새로운 방향성이 국제정치의 영역에서도 상호 합의, 국제법, 전 세계적 공공정의의 형태로 지지를 받아야 한다. 아모스의 선지자적 메시지가 전 세계적으로 적용되어야 한다. "오직 공법을 물같이, 정의를 하수같이 흘릴지로다"(암 5:24).

역사에는 정치를 통해 굽은 상황을 바로잡은 경우가 충분히 많이 있다. 어린이 노동, 사회보장, 주택정책, 가격정책, 환경보호, 질관리와 안전기준 같은 분야에서 옳은 입법이 가능하다는 역사적 사례들을 많이 찾을 수 있다. 정부는 책임 있는 사업가 정신과 책임 있는 기술을 위한 틀을 만들어왔다. 우리는 기술의 지향을 진정한 **섬김**의 방향으로 더 나아가게 해야 한다.

책무성

새로운 발전이 등장하기 시작하면 우리가 어느 방향으로 갈지를 정하는 원칙에 대해 미리 충분히 논의해서 일이 제대로 되도록 하는 것이 맞다. 이 말은 새로운 발전이 해악을 초래하는 것을 막기 위해 민주적 정부가 특별한 노력을 기울여야 한다는 의미다. 정부에 있는 사람들이 과연 새로운 기술적·경제적 발전이 초래할 수 있는 결과들에 대해 완전한 조망을 가지고 있는가? 물론 그렇지 않다. 그럼에도 불구하고 정부는 이 영역에서 긍정적인 기여를 할 수 있다.

예를 들어보자. 연방정부는 기술산업체들이 그들의 활동이나 제품의 해로운 결과에 대해 설명하도록 요구할 수 있다. 지금까지 그런 결과를 처리하는 비용은 일반적으로 연방정부, 그러니까 납세자가 부담했기 때문이다. 기술산업체들은 자신들이 초래한 사회적·환경적 해악에 책임을 져야 한다. 사업가의 권리의 이면에는 책무성accountability이 있다.

투쟁과 희망

—

마지막으로, 독자들에게 내가 제시한 새로운 지향과 방향 설정을 하는 것이 쉽다는 인상을 주지 않았기를 바란다. 내가 바라는 것은 내 제안이 긍정적인 자극을 주는 것이다.

성경에 따르면, 우리가 하는 모든 일에는 무엇이든 언제나 '가시와 엉겅퀴' 그리고 '땀과 눈물'이 따를 것이다(창 3:18-19). 이것은 하나님이 마침내 개입하셔서 지구가 개발로 인해 심하게 상한 상태를 벗어나 기적적으로 신적인 동산 도시(divine Garden city, 계 21:9-22:5)로 변형될 때까지 그러할 것이다. 그곳에서 인간은 해방된 모습으로 드러날 것이고, 하나님 자녀의 영광이 주는 자유를 누릴 것이다(롬 8:21). 그때 과학과 기술로 수행되는 일들은, 많은 경우 과학자와 공학자 자신들에게도, 정말 놀라운 방식으로 하나님의 새로운 창조에 긴밀하게 연결될 것이다.

그 통찰이 희망을 주고 책임감을 불러일으킨다. 그 희망과 책임감이 새로운 종류의 윤리를 향한 열망을 불러온다. 그 윤리를 통해 사람들은 기술의 목적을 실재의 목적과 분리된 것이 아닌, 그 일부로 추구하는 책임을 지게 될 것이다. 바로 그 윤리적 통찰이, 내가 제안한 것처럼, 계속 용기를 불러일으킨다. 그런 종류의 윤리가 선포되어야 하고, 우리 시대의 기술에 요구되어야 한다.

5 이슬람 기술 비판의 도전[1,2]

테러 사건이 세계 도처에서 증가하면서 우리는 서양 세계와 이슬람 세계가 그 공동의 역사에도 불구하고 많이 다르다는 것을 잘 알게 되었다. 상호 적대적인 분위기가 심화되고 있다. 이 장에서는 기술과 기술에 연결된 문제들에 직면한 이 불편한 두 세계에 대해 고찰해보고자 한다. 이는 서양 문화와 이슬람 문화 사이의 긴장을 다루는 일반적인 접근은 아니지만, 우리가 앞으로 보게 될 것처럼 매우 중요하고 흥미로운 접근이다.

이 문제를 역사적 시각으로 보려면 이슬람 세계와 서양 세계에서 기술이라는 배경을 피해갈 수 없다. 이는 또 다른 주요 이슈와 다시 연결된다. 세상에서 종교가 갖는 활력과 종교가 문화, 그중에서도 기술에 미치는 영향에 대한 논쟁이다.

'종교'의 개념과 관련해 명확히 해야 할 부분이 있다. 예를 들어, 미디어가 종교에 관심을 가질 때 그들은 종교를 스포츠, 정치, 과학 같은 인간 삶의 여러 요소 중 하나로 취급한다. 그러나 우리가 종교 공동체를 유심히 살펴보고 세계의 여러 사회 구조들에 주의를 기울여보면, 종교가 하나의 전형적인 기능이나 변수가 아니라, 삶의 다른 가지들이 싹트고 자라며 계속 거기 의존하는 **뿌리**라는 것을 알 수 있다. 앞으로 그 사실이 더 분명하게 드러날 것이다.

이슬람 세계에서 기술의 역사에 대해 간단히 살펴본 후 나는 현재 점점 고조되고 있는 이슬람과 서양 간 긴장의 배경을 논할 것이다. 서로 다른 이슬람의 이데올로기도 간명하게 다루겠다. 과학과 기술은 그들의 사고에 중요한 역할을 하고 있다. 이슬람의 기술 비판은 두 가지 근원에서 비롯된다. 하나는 영적이고 평화를 사랑하는 흐름이고, 다른 하나는 급진적이고 폭력적인 흐름이다.

나는 서양에서 기술과 관련해 일어나는 긴장을 서양 문화에 현존하는 내적 긴장을 검토함으로써 밝힐 것이다. 특별히 근대 기술과 함께하는 그 긴장은 오랫동안 있어왔지만 기독교 문화가 계몽주의의 영향 아래 세속화되면서 강화되었다. 계몽주의라는 문화적 운동은 종교와 연결되려 하지 않고 확실하고 눈에 띄는 방식으로 급진적인 운동이 되어 기독교와 각을 세우고 있다. 나는 이것을 **닫힌 물질주의 세상의 종교**라고 표현한다. (이 세상에서는 사람들이 실재의 비물질적인 차원을 보지 못한다.) 이런 표현을 통해 나는 근대 기술 발달과 관련해 이슬람, 기독교, 계몽주의 사이의 긴장을 더 총체적으로 선명하게 제시할 수 있다. 이렇게 하면 문제를 분석하고 문제에 대한 해결책을 마련하는 데 도움이 될 것이다.

　기독교철학적 비판과 이슬람의 비판에 면하여 서양 문화는 자기성찰을 하라는 도전을 받는다. 내 생각에 서양의 지배적인 문화 패러다임, 즉 그 안에서 서양의 문화가 발달해왔고 발달하고 있는 윤리적 틀은 진정한 변화를 필요로 한다. 이것이 중요한 이유는 우리가 고립된 서양 문화와 관련되어 있는 것이 아니고 세계적인 문제와 관련되어 있기 때문이다. 이것을 통해 이슬람 내부의 운동들로 인해 일어나는 긴장도 줄어들 수 있다. 이슬람 테러리스트들은 물론 이에 만족하지 않을 것이다. 그들의 태도는 스스로 주장하는 것처럼 포기할 수 없는 확고한 종교적 입장을 반영하기 때문이다. 기대할 바라고는 선으로 악을 이기려는(롬 12:21) 노력을 통해 그들의 적대감을 약화시키는 정도일 것이다.

기술과 이슬람

─

　이슬람 세계에서 과학과 기술의 자리를 살펴보는 것으로 시작해보자.

　632년 무함마드의 사망 이후 초기 이슬람은 그리스-헬레니즘 세계의 영향을 크게 받았다. 그래서 이슬람의 특색을 띤 과학을 함양하고 수행할 좋은 분위기가 형성되었다(Stöklein und Daiber, 1990. p.102). 과학은 알라가 창조한 우주에서 일어나는 것으로 이해되었다. 그런 관점에 의거해 철학과 과학은 500년 이상 이슬람 세계에서 융성했고, 9~10세기에 아랍 문명은 절정을 이뤘다.

이 시기에 모든 사람이 일생 동안 지식을 키워가야 한다는 이슬람의 명령에 따라 다른 문명, 예를 들어 페르시아와 인도, 심지어 중국으로부터도 많은 지식이 수입되었다. 과학적인 실험과 기술적 물음을 제기하는 것은 전혀 이상한 일이 아니었고, 자연에 대한 관심도 남편과 아버지가 그 가족에게 주어야 하는 관심처럼 진지하게 일어났다. 이 발전은 교역(경제)으로도 이어져서 과학과 기술에도 유익한 영향을 미쳤다. 역사가들은 이 시기에 이슬람 종교와 실용적인 과학의 공생이 이루어졌다고 본다. 종교적인 건물들, 모스크, 학교의 건축 그리고 특히 사막의 나라에서 수리시설을 설치한 것 등이 이런 공생의 중요한 사례들이다.

중세까지 이슬람 사람들이 서양 사람들보다 과학과 기술에서 앞서 있었다는 것은 명백하다. 중세의 시작 즈음에 이슬람은 고대 그리스와 로마의 서양 세계를 현대 유럽과 이어주는 다리 역할을 하기까지 했다. 과학의 발전에 관한 한 서양 세계는 아랍 세계에 많은 빚을 졌다.

그러나 11세기부터 아랍의 국가들에서 과학의 발전이 더뎌지기 시작했다. 이에 대해 정치, 사회, 경제적인 측면들 외에도 온갖 설명이 제기된다. 그때 이후 전통주의와 고립이 이슬람 세계의 중요한 특징이 되었다. 이것은 과학과 기술에 대한 평가가 긍정에서 부정으로 돌아선 것과 맥을 같이한다(al-Hassan, 2001 / Hoodbhoy, 2007).

나중에 산업 시대와 후기산업 시대 동안 이슬람 국가들은 과학과 기술에 기여한 바가 거의 없다. 물론 여기서 석유의 생산과 석유산업이 기술 발전과 연결된 몇몇 산유국들과 이슬람 국가들에서 발달한 무기기술은 제외해야 한다. 최근에 들어서야 이슬람 고유의 역사와 전통에 기대 과학과 기술을 발전시키고자 하는 노력이 이슬람 학자들 사이에서 다시 일어나고 있는 것은 놀라운 일이다(내가 이 글에서 그것을 보이고자 한다). 그들의 비판은 과학과 기술 자체에 대한 것이 아니고, 서양의 기술 문화, 즉 기술과 엮여버린 서양의 윤리에 대한 비판이다(Zayd, 2006, pp.31-35).

서양 계몽주의의 영향

그사이 서양은 계몽주의에 의해 특별히 자극된, 진보에 대한 지배적인 믿음에 힘입어 이슬람에 대한 편견, 즉 이슬람이 과학과 기술에 반대한다는 편견을 키우기 시작했다. 이슬람의 명상적인 성격과 아랍의 삶에 대한 숙명론적인 태도가 그 비난의 이유가 되었다. 본래의 태도와 반대되는 것이었는데도 불구하고, 이런 에토스는 이슬람 세계에도 영향을 미쳤다. 서양의 과학과 기술에 대한 반대가 그런 에토스에 의해 강화되었다. 12세기 이래 이슬람 세계는 미래보다는 과거를 더 바라보게 되었다.

20세기 들어 세계화 과정을 통해 변화가 일어났고, 그 결과 아랍 세계에 대학들이 설립되었다. 많은 것들이 서양에서 수입되었다(Huntington, 2001, p.70 / Soroush, 2000). 그러나 근대 기술은 이슬람 종교에 복무할 수 있는 정도만큼만 그 가치를 인정받는다. 과학과 기술은 이슬람의 깃발 아래로 들어와야 한다는 것이 그들의 생각이지만, 그리 쉽지는 않다. 역사적으로 서양의 윤리는 기술의 발달과 함께했다. 이슬람은 바로 이 윤리에 저항하고, 그 저항은 그 윤리의 배경이 되는 현대 서양의 진보에 대한 믿음에 대해서도 마찬가지다. 이슬람이 과학과 기술의 지식, 즉 근대화를 수용하는 것은 서양화·세속화·물질주의·서양의 불경함에 대한 반대와 심한 대조를 이룬다(Soroush, 2000, p.xvii) 근대화는 이슬람의 도덕적 나침반에 의거해서 이루어져야 한다는 것이 그들의 확신이다(WRR, 2006, pp.38-39).

이슬람에 대한 반응

—

나아가 이슬람 공동체 안에서 식민지 시대까지 거슬러올라가는 서로 다른 반응을 구별하는 것 또한 중요하다. 먼저 급진적이고 폭력적이고 근본주의적인 흐름을 살펴봐야 하는데, 이들은 과

학과 기술, 서양화, 그리고 계몽주의의 윤리를 받아들이는 것을
거부한다. 다른 한편, 서양으로부터 그 두 요소를 모두 받아들이
는 흐름도 있는데, 특히 정치적·경제적 권력을 가지고 있는 자들
과 몇몇 무슬림 학자들의 입장이다. 전자의 흐름이 후자를 거부하
는 것은 물론이다. 이것이 급진적인 무슬림들이 서양 세계뿐 아니
라 무슬림 국가들에서도 테러를 감행하는 이유다.

우리는 또한 헌팅턴이 언급한(2001, p.118 이하) 소위 이슬람 개
혁가도 살펴보아야 한다. 다른 사람들은 이들을 영적이고 평화를
사랑하는 그룹이라고도 부른다. 그들은 과학과 기술 분야의 근대
적 발전을 받아들이되, 영적인 확신과 함께 가는 온전하고도 적절
한(세속적이지 않은) '합리화'를 지지한다(Hassan, 2007 / Soroush,
2004). 같은 맥락에서 그들은 서양의 민주주의를 채택한 사회를
지향해야 한다고 주장한다(Soroush, 2000 / WRR 2006, pp.29-58).

결과적으로 이들 세 흐름의 근본적인 차이와 그 사이 점증한 긴
장 때문에 서양 세계에 대한 정치적 저항과 폭력적 시위가 더 증
가할 가능성이 크다. 그리고 이슬람이 빠르게 증가하고 있는 서양
세계 안에서도 문화적 긴장이 고조될 것이다. 그중 가장 작은 그
룹인 광신적 이슬람의 흐름이 서양 문화에 폭력적인 위협이 되고
있다. 이 열정적인 파괴의 충동을 보면 우리는 세계의 상황에 대
해 매우 우울한 관점을 갖게 된다.

서양의 적

이안 부루마Ian Buruma와 아비샤이 마갤릿Avishai Margalit의 서양 중심주의occidentalism 연구는 이 과정에 대해 좋은 통찰을 제공한 다. 그들이 서양중심주의라 부르는 것은, 서양의 적들이 만든 서 양에 대한 험악한 이미지다. 이 내러티브에 따르면 기업가, 자본 주의, 경제적인 보수주의가 미국의 영향으로 서양 사회에 질병처 럼 퍼져서 전 세계를 오염시키고 있다. 광신적인 무슬림은 이 '미 국화'가 거침없이 문화를 파괴하는 기계적 문명이라고 본다.

세계화는 차갑고 합리적이고 영혼이 없는 이 악한 문명을 강화 하고 있다. 서양의 정신은 기술을 높은 수준까지 발달시킬 수 있 고 위대한 경제적 성공을 이룰 수도 있다. 그러나 그 정신은 영성 을 완전히 결여하고 있기 때문에 더 높은 수준의 것을 추구할 수 없다. 이것은 희망이 없는 상황이다. 영성은 너무나 중요하고 삶 에서 가장 중요하기 때문이다.

이 서양의 정신은 무신론적 과학주의를 퍼뜨린다. 이는 과학과 기술을 지식을 얻는 유일한 길로 생각하는 믿음이다(Buruma, 2004, p.76, p.96) 무슬림에게 서양 종교는 물질주의와 동일하고, 그렇기 때문에 이 종교는 신적인 영에 대한 예배와 마찰을 일으킬 수밖 에 없다.

부루마와 마갤릿에 따르면, 서양에 대한 적대감의 뿌리는 그 '기술적 문화'에 대한 반대다. 서양의 정신은 미쳤고, 오만하고, 피상적이고, 경건함에 적대적이다. 다른 한편, 서양의 정신은 전자 계산기처럼 효율적이다. 그래서 서양 문화는 영적이지 않고 물질 주의적이며 건방지고 권력을 탐하며 잔혹하고 퇴폐적이다. 이런 문화는 파괴하는 것이 마땅하다. 자살 테러는 이런 면에서 서양 기술에 대한 적대감의 정점에 있다. 자살 테러리스트들은 신적인 영의 예배자로서 "알라를 위한 죽음이 우리의 가장 큰 야심"이라는 모토(Buruma, 2004, p.73 / Al-Ansari, 2007) 아래 땅의 일을 숭배하는 자들을 살해하는 것이다. 서양에 대한 그들의 투쟁은 그 목표를 향한 신성한 헌신이다.

이슬람 테러리즘과 서양 문화의 변증법

―

부루마와 마갤릿은 자신들의 서양중심주의에 대한 연구에서, 서양의 적을 이해하기 위해 최선을 다한다. 그들은 이 이슬람 운동이 왜 서양을 그렇게 미워하는지를 이해하지 못하면 우리는 그들이 극단적으로 파괴적으로 변해가는 것을 막을 수 없다고 경고한다.

부루마와 마갤릿의 서양 문화 분석과 이 문화에 대한 적개심의 이유를 찾는 연구가, 개혁주의 철학에서 서양 문화의 변증법이라 부르는 것과 나란히 가고 있음은 쉽게 알아볼 수 있다. 부루마와 마갤릿은 놀라울 정도로 자주 서양의 '기술적 문화' 내부의 긴장에서 테러리즘의 이유를 찾는다. 이 긴장은 세계화가 시작된 이래 전 세계적으로 느낄 수 있다. 바로 얼마 전까지 반작용은 서양 문화에 한정되었지만, 최근에 와서는 극동을 비롯한 전 세계에서 이런 반대 운동이 일어나고 있다. 이슬람의 지하드 운동은 이런 표현 중 가장 강하고 위험하다. 그래서 서양 문화에 대한 비판이 계속 사용되고 있는 것이다. 하이데거의 '기술 문화' 비판은 급진 이슬람주의자들에게 매우 인기가 있다(WRR 2006, p.45 / Zayd, 2006).

문화의 변증법이란 무엇인가?

'문화의 변증법'이 의미하는 바는 무엇인가? 나는 취임 연설에서 테크노크라시technocracy와 혁명 사이의 문화적 긴장을 다뤘다 (Schuurman, 1973). 그 후로 나는 문화적 변증법(긴장 혹은 갈등)을 내 강의에서 여러 형태로 반복해서 다뤘다. 문화적 변증법은 우리 문화의 가장 심층부에서 무슨 일이 일어나고 있는지, 무엇이 문제인지, 그것들이 얼마나 심각한지를 드러내 보여준다. 나아가 우리가 그것의 기원과 역사적 발전에 관심을 기울였을 때 어떻게 그 문제들에 저항할 수 있는지를 알려준다.

헤르만 도예베르트는 서양 변증법의 근원을 스스로를 자기충족적이며 자율적이고 신 없이 존재할 수 있다고 생각하는 인간의 자만에서 찾았다(Dooyeweerd, 1959, p.10 이하). 그 결과 세계는 인

간중심주의적이고 닫힌 세계로 파악되며, 역사는 순수한 인간의
역사로 여겨지게 되었다. 우리 문화에서 초월적인 하나님에 대한
열린 태도는 막혀버렸기 때문에, 인간을 이해하는 다양한 방식과
무관하게 인간은 자신을 궁극적으로 현세diesseitige, 곧 이 땅의 실
재와 관계하는 유일한 존재로 파악하게 되었다.

  서양인들은 과학에서 스스로를 영화롭게 하는 자율성의 사상
을 현실화하려 했고, 나중에는 이에 대한 확증으로 기술의 영역에
서도 그렇게 하려고 했다. 인간과 세계가 기술에 의해 완벽해질
수 있다는 생각이 지배적이었다. 이 발전이 여러 권력을 통해 세
상에 긴장이 높아지게 만들었다. 상상할 수 없는 물질적 번영에
대한 이상이 일부 현실화되기는 했지만, 동시에 그것이 인간의 자
유와 환경을 대가로 했다는 것이 분명하다. 우리는 번영을 누리며
곧 폭발할 화산 위에 살고 있는 것이다. 서양 문화는 자기 자신과
심각하게 갈라진 문화다. 절대화된 자유는 과학기술적 통제와 관
리의 절대화와 서로 적대적이다. 이 긴장이 우리 역사에 그대로
작동하고 있다.

문화적 변증법의 발달

  이 변증법(그 근본에는 종교적 특징을 갖는)이 시작할 때는 무엇보다
철학적·이론적 문제가 있었지만, 계몽주의가 침투해 궁극적인 헤

게모니를 장악하게 되자 가장 넓은 의미에서 지배적인 문화적 현상이 되었다. 실재에 대해서 알 뿐 아니라 그것을 **조직하고 합리적인 형태를 부여하는** 것은 확실히 계몽주의의 정신이다. 그 사상이 사회를 도구적 이성으로 발달시켜 인간이 스스로를 표현하고 원하는 바를 실현할 자유를 부여한 것이다.

그러나 실제 상황은, 그 상상 속의 객관적인 구조가 자율적인 이성에 의해 개발되고 세워지게 되면, 그것 자체가 하나의 문화적 권력이 되어서 문화적 자유의 적이 되어버리는 것이다. 이 위협은 그 권력들에 의해 더 역동적이고 복잡한 발전이 이루어질수록 더 커진다. 인간은 더 이상 전체를 아우르는 관점을 갖지 못하고 이 발전 과정을 바꾸지도 못한다.

근대 철학의 흐름에 대한 내 강의에서 나는 이미 과학과 기술, 그리고 경제의 힘이 논리실증주의, 실용주의, 시스템이론 등 지배적인 철학적 흐름들에 의해 권장되고 강화되는 것을 보이려 애썼다. 이것은 특별히 이 흐름들이 기술의 발전을 이제는 쓸모없어진 기술들 때문에 생겨난 문화적 문제들을 해결하기 위해 필수적이라고 보았기 때문이다.

변증법의 다른 축을 대표하는 철학적 흐름들도 있다. 실존주의자들은 기술 사회에서 인간의 자유가 위협받고 있으며, 인간이 기술적으로 변조 가능한 대상으로 강등되고 있다고 본다. 신마르크스주의자들은 경제적·정치적 권력이 과학과 기술적 적용의 발달을 강화하는 영향력을 발휘한 결과, 문화 담지자로서의 인간과 그들의 정치적 역할에 위협이 되는 것을 알아차려야 한다고 촉구한다. 반反문화 사상가들은 자연의 억압에 관심을 가질 것을 요청하면서, 자연을 파괴하고 환경을 오염시키는 기술적 적용을 줄여야 한다고 주장한다. 뉴에이지 사상가들은 물질주의를 배격하고 보다 영적인 삶을 추구한다. 녹색운동가들은 전체로서의 자연의 중요성을 강조하고, 거대하고 인공적이며 추상적인 기술에 반대한다(Schuurman, 2003, pp. 135-161).

우리 시대의 특징은 **모든** 사람들이 우리 기술 문화에 대해 긴장하고 있다는 것이다. 이 긴장은 몸과 영혼이 경험하는 것으로, 끝이 없는 기술의 확장 충동과 창조 세계 및 그 숨겨진 가능성들의 유한함이 부딪치면서 일어나는 긴장이다.

과학과 기술의 통제 이상의 최고점

과학과 기술이 가진 통제와 관리에 대한 이상이 계속해서 문화적 변증법의 또 다른 축, 즉 인격적 자유의 축을 이기고 있는 상황은, 전자가 시스템이론, 컴퓨터과학, 컴퓨터기술 적용, 유전자변형 기술 같은 과학적·기술적 가능성 안에서 명백히 드러나는 **객관적인** 문화적 권력을 사용하고 있기 때문이다. 나아가 경제적 권력이 그 과정을 강화시킨다.

그 과정에 대한 비판이 아무리 늘어나도 궁극적인 문화적 혁명은 사실상 거의 불가능하다. 그 이유는 경제적 권력들의 야망이 끝이 없고, 다수의 소비자가 과학과 기술의 적용에서 여전히 물질적 유익을 얻을 수 있다는 믿음과 희망으로 현재 우리 문화의 주요 방향을 계속 지지하기 때문이다.

현재 문화적 변증법의 위협

이 역사적 과정에서 문화적 역동은 점점 더 악의적이고 삶에 위협이 되는 성격을 상정하고 있다는 점을 꼭 강조해야 하겠다. 근대 기술과 그 가능성들의 사용은 전에는 들어보지 못한 높이로 치솟고 있으며, 전제적인 성격을 취한다. 전 세계의 과학적·기술적 통제와 관리를 통해 인간의 자유가 축소되었을 뿐 아니라, 원자재가 전 세계적으로 고갈되고 있고, 자연은 빠른 속도로 파괴되고 있으며, 환경은 돌이킬 수 없을 만큼 오염되고 있다.

최근에는 지구온난화 문제에 많은 관심이 쏠리고 있다. 재갈을 물리지 않은 과학적·기술적 역동이 자연적·생태적·에너지·사회적 경계들을 재난적 상황으로 몰아가고 있으며, 국가들 간의 전쟁 발발이 실질적인 가능성이 되었다(Van der Wal 외, 2006, p.223).

개발도상국에서는 세계화된 기술과 경제 발전의 영향으로 정치적 무력감이 팽배하고 있다. 이는 경제적 불만과 침체로 이어지는데, 그들은 이를 수치스럽게 여긴다. 다시 말해서, 서양의 과학적·기술적 문화가 세계화를 통해 다른 문화들에 압력을 가하고 있는 것이다. 문화들 간, 민족들 간, 국가들 간의 변증법이 명확해지고 있다. 그 변증법을 통해 문화적 긴장이 폭발할 수 있고, 폭력적인 정치 갈등이 일어날 수도 있다.

오늘날 문화적 변증법의 새로운 측면은 두 가지로 볼 수 있다. 지금까지 우리가 본 것처럼, 저항은 주관적인 저항으로 남아 있었다. 이들은 객관적이고 문화적인 권력을 사용할 수 없었기 때문에, 그 저항은 기술 문화의 변화를 실현할 수 없었고 기껏해야 그 문화에 적응하는 정도였다. 그러나 이제 전혀 새로운 상황이 도래했다. 외국의 '기술 문화'에 대한 이슬람의 저항은 이제 서양 문화에 안착한 현실이 되었다. 동시에 그들은 객관적 권력을 사용할 수 있게 되었다(이것이 두 번째 새로운 측면이다). 테러리즘은 **진짜 위협**이다(Gray, 2007).

혁명적 유토피아주의자였던 와스카우Waskow 같은 서양 철학자는 1960년대에 기술 문화를 폭력적으로 전복할 것을 주장했다(Waskow, 1968). 그러나 그는 입으로만 혁명을 외치는 데 그쳤다. 오늘날의 테러리스트들은 광범위한 기술적 가능성을 비롯해 상당한 문화적 권력을 가지고 있으며, 인터넷 같은 근대 기술을 통해 전 세계적인 네트워크를 구축하고 있다. 그들이 그 근대 기술에 저항한다는 사실이 아이러니하지만 말이다. 2001년 뉴욕 쌍둥이빌딩의 파괴는 그들이 한 종류의 기술로 다른 기술을 파괴할 수 있음을 확실하게 보여주었다. 이 발전은 매우 충격적이다.

그렇다면 무슬림 이데올로기 주창자들은 이 문화적 상황에 어떻게 반응하는가?

이슬람 지성인들의 비판

20세기의 가장 영향력 있는 이슬람 사상가 중 한 명인 이집트의 사이드 쿠틉Sayyid Qutb은 아메리카니즘, 즉 공허하고 물질숭배적인 것으로 묘사되는 서양에 대항해 순수한 이슬람 공동체를 변호한다(Buruma, 2004, p.36, p.116 이하, p.124 이하. p.131). 삶의 전 과정을 통해 서양의 행태에 점점 더 분노하게 된 그는 가능한 모든 서양과의 동화를 반대한다. 전적인 순결에 대한 꿈이 모두 그렇듯이, 영적 공동체에 대한 그의 이상은 그 자체에 폭력과 파괴의 씨앗을 담고 있는 판타지였다. 그는 서양의 가장 중요한 이데올로기들과 대립하는 이슬람주의 이데올로기의 창시자로, 서양의 오만함에 이슬람의 무관용으로 대응했다(Huntington, 2001, p.333). 이슬람의 급진적인 순결과 서양의 파괴가 그의 목적이다. 이렇게 해서 쿠틉은 급진적인 이슬람교의 대변인이 되어, 서양에 저항하면서 폭력을 배제하지 않고 심지어 명시적으로 권고하기도 한다(Qutb, 1990). 그에게 있어 문화적 변증법은 파괴를 이끄는 엔진이다.

다행히 무함마드 이크발Mohammed Iqbal과 같은, 조화로운 사회를 추구하는 이슬람 개혁주의자들도 있다. 이 파키스탄의 사상가

○

는 무슬림적인 관점에서 서양을 비판하고 서양에 매료되지 않는다. 그는 특히 확연하게 보이면서도 아무런 제약 없이 진행되는 세계의 과학기술 발전, 서양 자본주의의 재정적 힘, 자본주의 고유의 경제적 착취와 그에 동반되거나 심지어 그로 인해 야기되는 세속주의에 초점을 맞춘다. 그는 서양의 영향을 비판하는데, 이는 유럽의 계몽주의에 의해 인간이 알라로부터 멀어지고 있다고 보기 때문이다. 이제 서양은 신의 자리에서 우상을 섬기고 있다. 그래서 이크발은 서양의 오만함과 제국주의, 그리고 서양 대중의 도덕성을 비판한다. 그러나 그러면서도 그는 과학과 기술로부터 거리를 두지 않는다(Buruma, 2004, p.122, p.152).

오히려 그는 무슬림에게 잘 알려진 '알라의 통일성Allah's Unity'을 과학기술에 대한 자신의 생각의 기초로 삼는다. 이크발에 따르면, 그 통일성은 조화로 인간 사회에 반영되어야 하고 정의, 평등, 연대, 자연과 환경을 돌보는 것으로 표현되어야 한다. 이렇게 그는 초기 이슬람의 정신에 따라 과학기술의 개혁을 지지한다(Iqbal, 1971 / Foltz, 2003도 참조). 그는 현존하는 문화적 긴장을 줄이는 데 도움을 주고자 하는 것이다.

이슬람과의 접촉 지점

파키스탄 무슬림이면서 노벨 물리학상 수상자인 압두스 살람

Abdus Salam은 같은 정신으로 기술을 받아들이라고 주장했다. '이슬람 세계의 과학기술'에 관한 강연에서 그는 알라가 천국과 땅에 있는 모든 것을 인류에게 공급해 사용하게 했다고 말했다(1983).

살람에 따르면, 이슬람 과학자는 세계에 대한 통찰력을 얻고, 그렇게 함으로써 알라의 계획에 대한 통찰력을 확보해야 한다. 과학은 물질적인 복지를 증진하기 위해 인간 공동체의 필수 요소가 되어야 한다. 이것이 바로 그가 과학기술의 보편성을 지향하는 이유다. 이 영역에서 성공하기 위해서는 인간이 알라에게 감사하고, 결과적으로 알라의 뜻에 순종해야 한다.

살람은 이슬람의 처음 시대로 돌아가 과학기술의 부흥과 발전에 대한 적절한 동기를 다시 회복하려 한다. 그 시기에는 과학기술 발전의 횃불이 한 세대에서 다음 세대로 이어졌다. 살람에게 있어 과학과 기술의 적절한 동기와 윤리를 회복하기 위해서는 이슬람이 필수적이다. 여기에 덧붙여 이 무슬림 학자는 종교와 기술의 관계 혹은 그 둘 사이의 상호 작용에 대해 말하는데, 이런 생각은 오늘날 이슬람 세계에서는 생소하고 서양 계몽주의 사고에서도 거의 일어나지 않거나 아예 안 일어나는 종류의 것이다.

기독교철학의 기술 비판

ㅡ

우리는 이슬람 개혁주의의 대표들이 서양 문화를 매우 일방적으로 판단하고 있음을 본다. 계몽주의가 기독교에 뿌리내리고 있다는 주장은 역사적으로 정당화할 수 있다. 그러나 이 문화적 운동은 기독교로부터 점점 더 멀어져왔고, 이제는 반복적으로 기독교에 반하고 있다. 따라서 이슬람이 기독교의 영향과 계몽주의의 영향을 제대로 구분하지 않고, 마치 이 둘이 필연적으로 동일한 기술의 윤리로 귀결되는 것처럼 보는 것은 틀렸다(Buruma, 2004). 내가 지금까지 밝힌 것처럼, 전통 기독교는 계몽주의 변증법에 대해 과격하게 비판한다.

20세기에 계몽주의의 이상, 즉 개인의 자유 및 관리와 통제에 대한 과학적·기술적 이상은 우리를 위기상황으로 몰아넣었다. 그 이상들은 세계의 문화에 파멸적인 영향을 미쳤다. 서양에서 자유와 과학적 통제 사이의 내적 문화 투쟁이 심화되고 있다. 여기에 급진적이고 폭력적인 이슬람이 서양에 반해 점점 더 강해지고 있다. 다시 말해서, 서양 문화는 내적으로 더욱 훼손되고 외적으로는 위협을 받고 있다.

원래 철저한 계몽주의 철학자인 하버마스조차도 최근 '난파된 계몽주의'에는 종교가 필요하다는 것을 보여주었다(Habermas, 2005). 헌팅턴은 문명의 충돌에 관한 그의 책에서 이슬람과 서양 문화의 충돌은 무엇보다 서양 문화의 중심 구성 요소로서 기독교의 약화의 결과라고 말한다(Huntington, 2001, p.335). 당장 제기되는 물음은 과연 문화가 종교적 뿌리를 잃고도 생존할 수 있는가 하는 것이다(Hittinger, 1995). 서양 문화의 경신은 사람들이 기독교의 종교적 근원으로 돌아가고, 기독교가 문화적 부름을 이해하고 따르는 것을 의미할 터이다.

새로워진 기독교는 강력한 믿음의 확신을 바탕으로 서양 문화의 현대적 변화를 요청할 것이다. 이 요청은 많은 반향을 얻게 될 것이다. 벌써 변화를 요구하는 목소리들을 들을 수 있다. 예를 들어, 가톨릭 신학자인 한스 큉Hans Küng은 과학과 정치에서 그가 '글로벌 윤리'라고 부르는 세계적 에토스가 도래할 것이라고 했다(Küng, 1997). 또한 전 세계 교회단체들은 이미 서양 문화의 발전을 비판하는 보고서들을 낸 바 있다(Opschoor, 2007).

이들의 호소에는 매우 가치 있는 부분들이 있다. 그러나 내 생각에는 이 분석들이 우리 사회적·문화적 문제들의 원인을 역기능적이고 착취적인 **경제적** 관계에 치중해서 보고 있는 것 같다. 이들은 오늘날의 거대한 문화적 문제와 긴장의 밑바닥에 자유와 과학 및 기술에 중점을 둔 계몽주의의 이상이 있다는 것을 충분히 통찰하지 못하고 있다. 계몽주의의 이상들은 사실 서로 모순된다. 이 모순을 어떻게 해결할 것인가? 모든 규범으로부터 자유로운 자율적인 자유의 개념 대신 우리는 질서, 규율, 권위, 존중, 신뢰, 상호 원조 및 인간 연대와 같은 가치에 상응하는 자유를 발견하고 증진해야 한다. 즉, 책임감과 밀접하게 연결된 자유다.

과학과 기술에 대한 동기도 경신되어야 한다. 지배력을 행사하기 위한 탐구는 **세계적인 정의의 관점**에서 섬기기 위한 태도로 바뀌어야 한다. 기술에 대한 가치와 규범이 더 이상 기술적 세계관

○

에 기대서는 안 된다. 기술이 매우 많은 문화 활동의 기초가 되기 때문에 이런 통찰이 필요하다.

기술 자체가 야기한 복잡한 문제들에 대해 기술적인 해결책을 찾는 것이 거의 자동적으로 이루어지고 있다. 이는 다시, 예상할 수 있는 대로, 또 다른 문제와 위협으로 이어진다. 이런 문제들을 줄이고 해결하기 위해서는 기술에 대한 새로운 시각이 필요하다. 변덕스럽고 높이 날아가는 기술은 단단하고 초월적인 닻을 필요로 한다. 그렇다면 어떻게 할 것인가?

하나님을 창조의 기원으로 인정하고, 인간을 창조된 현실을 드러내는 신적인 소명을 가진 하나님의 책임 있는 형상으로 인정해야 한다. 그래야 과학과 기술의 목적을 하나님나라의 신적 목적에 복종하게 할 수 있다(Sweeringen, 2007, p.271 이하). 계몽주의가 제시하는 대로 기술적 세계관을 우선시하며 거기 끌려가는 대신, 하나님의 영광스러운 동산이 되어야 할 창조 세계를 밝히고 펼쳐내는 것을 우선으로 삼아야 한다(Schuurman, 2005). 기독교는 '기술 문화'의 변혁을 간절히 바란다는 측면에서는 개혁적 이슬람만큼이나 '물질의 종교'에 반대한다.

고맙게도, 기독교 외부에 있는 많은 사람들과 무슬림들이 서양 문화에 근본적인 변화가 필요하다고 생각한다. 그것은 서양 문화 자체에서 비롯되는 내적인 위협뿐 아니라, 과격한 이슬람과 같은 외부의 위협 때문에 요구되는 변화다. 개혁적 이슬람 윤리를 통해 반드시 필요한 '기술 문화' 내부의 패러다임 변화를 위한 추가적인 지지를 확보할 수 있다(Hassan, 2007 / Soroush, 2007). 기독교와의 큰 차이에도 불구하고 자연과 환경을 돌보는 것과 사회정의를 염려한다는 점에서 그러하다.

쿤의 패러다임이론
—

그런 패러다임 전환이 의미하는 바가 무엇인지 더 잘 알기 위해 과학 발전과 관련한 쿤의 패러다임이론을 사용하려 한다. 쿤은 과학이론의 부상이 사회학적·심리적·경제적 및 종교적 측면에서 설명될 수 있음을 분명히 했다. 그렇게 함으로써, 과학지식의 지속적인 성장뿐 아니라, 과학에서 일어난 예기치 않은 '도약'도 분명해진다. 과학의 지속적인 발전은 과학자들의 안정성과 합의를 보여준다. 과학 발전의 분야에서 위기가 있는 경우, 이것은 과학 분야가 더욱 발전해갈 수 있는 새로운 틀, 즉 패러다임의 채택으로 이어진다. 새로운 패러다임이 생겨 승리를 거두면 위기 때문에 야기된 분열이 치유되고 과학 분야의 새로운 시대가 시작된다. 패러다임 전환이라는 관점에서 보면, 과학의 절대적 진리에 대한 주장이 상당히 상대화된다(Kuhn, 1962).

쿤은 과학이론 형성의 위기 속에서 갑자기 크고 근본적인 질문이 제기된다는 것을 보여준다. 특정 이론에 대한 오래된 과학적 신념은 그 기초부터 흔들린다. 한때 일반적으로 여겨지던 생각이 더 이상 받아들여지지 않고, 특정 분야에서 밀접하게 구성되어 있던 과학자집단의 만장일치가 허물어지고, 같은 생각을 가졌던 이들의 암묵적 지식이 흔들리기 시작한다. 요컨대, 과거의 패러다임은 시대에 뒤진 것처럼 보이고 새로운 이론이 지배하기 시작한다 (Koningsveld, 2006, p.110 이하)

과학에서의 패러다임 전환에 대한 쿤의 비전이 우리 문화의 패러다임에 꼭 필요한 변화의 모델이 될 수 있을까? 유사 모델은 우리에게 유용한 지침을 주지만 한계도 있다. 예를 들어, 과학은 단지 문화의 한 가지나 부분일 뿐이다. 문화는 과학보다 훨씬 많은 것을 포괄한다. 그러나 우리 문화가 점점 더 '기술 문화' 또는 '과학기술 문화'로 보인다는 바로 그 이유 때문에 쿤의 이론이 우리에게 영감을 준다.

'기술 문화'의 변혁

기존의 문화 패러다임과 그 변혁을 상대화하는 이런 시도가 현재의 문화 발전에 대한 우리의 개념에서 가능한가? 서양의 지배적인 문화 패러다임 안에서 우리는 많은 문제에 직면해 있다. 지금 우리는 애당초 이런 문제의 원인이 된 바로 그 동일한 수단과 방법으로 이런 문제를 해결하려고 하는 중이다. 해결책은 분명히 우리 문화의 문제 중 하나다. 특히 그것이 경제와 정치로부터 지원을 받을 때 그러하다. 이것이 더 이상 가능하지 않다는 것을 우리는 서서히 깨닫고 있다. 이 위기의 한가운데에서 과연 우리가 새로운 문화의 단계, 즉 '기술 문화'의 문제를 제대로 제기하고 해결을 시작하는 방향으로 나아갈 수 있을까?

과학혁명과 유사한 문화혁명이나 문화적 전향은 필연적으로 날카로운 토론을 수반할 것이며, 마침내 사람들이 믿고 사실로 보는 것에 대한 평가로 우리를 이끌 것이다. 여기서 종교의 역할이 등장한다. 우리가 기독교나 개혁적 이슬람교의 예에서 본 것처럼, 서로 다른 형태의 문화 비판과 기술 비판이 종교나 종교들의 관점에서 제기된다. 문제는 새로운 문화 패러다임을 만들어서 기존의 문제와 위협을 제한하거나, 심지어 해결하기 시작할 수 있을 것인지다.

이것은 쉬운 일이 아니다. 예전의 문화 모델을 대표하는 사람들이 쉽게 포기하지 않을 것이기 때문이다. 그들은 때로는 핏불테리어와 같은 고집으로 버틸 것이다. 이렇게 반대하는 세력은 경제적·정치적·문화적 성격을 띤다.

그러나 동시에, 현재의 발전이 지속적으로 증가함에 따라, 우리는 예전 패러다임의 약점을 점점 더 많이 보게 된다. 현재의 과학적·기술적·경제적 사고방식의 결과 세계적으로 위협적인 사건이 증가해온 것이 사실이지 않은가?

산업농업과 유기농업의 갈등

—

나는 변화의 가능성이 있다고 믿는다. 서양 세계와 무슬림 세계에서 일어난 문화적 변화에 대한 구체적이고 현저한 관련 사례 중 하나는 유기농업과 산업농업의 다툼이다(그 성공 여부나 충분한 논증의 존재 여부와는 무관하다)(Foltz, 2003, p.3 이하 / Petruccioli, 2003, p.499 이하 / Schuurman, 2005, p.49 이하). 산업농업은 점점 더 많은 문제를 초래하고 있다. 산업농업 편에서 유기농업의 반대자들이 목소리를 높이고 있고, 유기농업의 지지자들도 점점 자기 주장을 알리고 있다.

새로운 패러다임이 서서히 윤곽을 드러냄에 따라 더 많은 성공이 이루어지고 있다. 반대로, 산업농업의 변호인은 농업에 생태적인 접근을 요구하고 있다. 두 가지 발전 모두 기존의 문제가 심각하게 다뤄지고 있으며, 사람들은 지속 가능한 새로운 길을 모색하고 있음을 보여준다(Simons, 2007, p.240 이하, p. 340 이하).

문화적 전향

—

이에 비견할 만한 전향이 기술적인 문화 전반에 일어나야 한다. 정치 및 경제 세계는 문화적 대안, 지속 가능한 발전 및 사회적으로 책임 있는 사업에 눈뜨고 있다. 우리의 사회적·경제적 환경은 급격한 변화가 일어날 수 있는 방향으로 바뀌어간다. 예를 들어, 비즈니스 세계에서 나온 최근 보고서들은 정치 영역을 향해 환경과 기후변화에 더 많은 관심을 기울여야 한다고 경고하고 있다(Willems 외, 2007). 최근 2,500명의 과학자들로 구성된 세계적인 과학적 협력 프로젝트를 통해 나온 유엔의 기후변화 관련 보고서는, 엄청난 온실가스 배출의 가장 중요한 원인으로 인간과 인간의 기술적 적용과 경제, 그리고 소비를 지목했다(IPCC 보고서, 유엔 기후위원회, 2007).

기후변화, 해수면 상승, 기후대의 변화, 생태계 교란, 생물다양성의 손실, 새로운 열대성 질병에 관심이 집중됨에 따라 우리 문화의 에토스를 바꿔야 한다는 호소도 이어지고 있다. 빌 클린턴과 앨 고어도 이 분야에서 변화를 촉구해왔다. 수년 동안 그린피스가 발휘해온 영향력도 과소평가해서는 안 된다. 점점 더 많은 사람들이 새로운 문화적 패러다임에 눈뜨고 있다. 점점 더 많은 사람들이 현대 사회의 생산, 통제 및 소비의 패턴이 본질적으로 지속 불가능한 것이지 우연히 그런 것이 아니라는 사실을 깨닫고 있다(Van der Wal 외, 2006, p.8 이하).

기존의 오래된 문화 패턴은 이 모든 것들로 인해 약화되고 있다. 네덜란드의 정당들은 지속 가능성을 중요한 문제로 받아들이고 있다. 지배적인 문화적 엘리트들은 자신들이 쌓아올린 것의 성격에 대해 점점 더 많은 의구심을 표한다. 궁극적으로 정치적 힘이 있는 사람들의 문화적 성향을 변화시키는 긍정적인 방식으로 작용할 수도 있다.

여기에 소비자가 지속 가능성이 무엇을 의미하는지를 통찰하고, 새로운 조치들로 삶의 질이 나아질 수 있다는 것을 알게 되면, 진정한 문화적 변화를 위한 좋은 환경이 만들어질 것이다. 나는 반드시 필요한 문화적 변혁이 곧 일어날 것이라고 믿는다. 그리고 이런 변혁이 현재 세계화의 발전이 초래한 불의를 극복할 전 세계적인 정의에 더 관심을 쏟게 되기를 바란다.

그래서 산업화 이후의 서양 문화가 산업 문화의 위협을 지적하려 애쓰는 것이 매우 중요하다. 그것이 반드시 학습의 과정이 될 것이기 때문이다. 나는 종교에 대한 관심이 늘어나는 것이 이 시나리오와 관련이 있다고 본다. 오랫동안 무시돼온 근본적인 물음들이 종교의 대변인들을 통해 제기되고 있다. 인간의 생명, 문화, 기술, 그리고 경제의 본질과 목적 및 그 의미는 무엇인가? 문화의 종교적 뿌리에서 나오는 이런 근본적인 질문부터 시작해 문화를 구성하는 삶의 서로 다른 영역들을 다루는 노력이 이루어지고 있다.

토머스 쿤의 용어에 빗대, 우리는 여기서 '게슈탈트 스위치gestalt switch', '방향전환turnabout' 또는 '혁명revolution' 등을 언급할 수 있겠다. 이것은 갑작스러운 '도약'이다. 그렇다. 이제 '돌아설 시간'이 되었다. 우리는 서양 문화사의 관점에서, 계몽주의의 문화적 실험은 (우리가 그로 인한 유익에 고마움을 아무리 많이 표한다 할지라도) 대규모 실패로 끝났다고 결론 내릴 수밖에 없다. 우리 문화의 급진적 전환이 요구된다. 새로운 방향, 새로운 메타-역사적인 나침반이 필요하다.

새로운 문화 패러다임의 내용

새로운 문화 패러다임은 어떤 모습이며 그 본질은 무엇인가? 새로운 패러다임은 기존의 패러다임과 실질적으로 달라야 하고, 이전 패러다임에서 가치 있는 것을 여전히 흡수하고 보존해야 한다.

과거의 문화 패러다임에서, 자연은 생명이 없고 기계적인 것으로 취급되고, 무한정의 조작으로 착취당했다. 자연, 인류, 환경, 식물 및 동물은 기술 패러다임에 따라 기술적 관점에서 주시되었다. 이것이 소위 '기계 모델'이다.

이제 변화가 일어나야 한다. **생명 그 자체를 보호하는 것**이 문화 형성에 있어 모든 것을 결정하는 목표가 되어야 한다. 과학, 기술, 경제는 생명의 다양성과 풍요로움을 파괴해서는 안 되며, 오히려 **생명을 섬기는** 데서 그 존재이유를 찾아야 한다.

기독교와 개혁적 이슬람교는 아무리 서로 다르다 해도(그리고 서로를 궁극적으로 결합시키는 것은 불가능하다는 것을 강조해야 하겠다) 많은 공통점을 갖고 있다. 그래서 서로를 새로운 문화적 전형에 참여하는 동반자로 인식할 수 있다(Rohrmoser, 2006). 기독교와 이슬람교 양쪽 모두에서 이 목표를 이루는 데 있어 동산의 모델이 적절하다(Petruccioli, 2003, p.499 이하 / Schuurman, 2005, p.37 이하). 이들은 함께 "우리는 창조주를 위해서 모든 피조물을 사랑한다"(Foltz, 2003, p.29)는 데 찬성할 수 있다. 기독교와 이슬람교는 각각 자신의 방식에 따라, 더 이상 생명이 위협받지 않고 풍요로워지며, 진정한 정의가 실행되어 긴장이 줄어드는 세계화의 문화에 기여할 수 있다. 둘 사이의 중요한 차이에도 불구하고, 더 많은 사회적 결속과 평화를 추구할 수 있다.

기독교의 신앙적 활력이 부족하고 개혁적 이슬람교의 지원이 부족해서 이런 협력이 성공하지 못한다면, 계몽주의와 급진적인 이슬람 사이의 투쟁이 심화되고 이슬람의 폭력이 증가할 것이다. 그렇게 된다면 미래를 비관할 이유가 실제로 생기는 셈이다(Bawer, 2006).

생명의 보존과 복지
—

산업 사회에서 기술적 사고는 여전히 지배적이다. 거의 모든 것이 기술 모델의 시각으로 해석된다. 이 모델에서 **생명 자체**는 근본적이며 결정적인 요인으로 여겨지지 않는다. 기술의 힘은 이 모델에 근거해 전제적이고 파괴적인 방식으로 나타난다.

물론 새로운 문화 단계에서 우리는 기술 그 자체를 걷어내지 않을 것이고 그렇게 할 수도 없을 것이다. 그러나 기술이 생명과 사회를 **섬기는** 역할을 해야 한다는 것은 분명하다. 진짜 현실은 기술적 조작의 대상이 아닌, 우리에게 주어진 것, 우리가 사랑과 감사로 받아야 할 하나님의 창조물이며 선물로 여겨질 것이다. 이것은 우리에게 소유자에 대한 경외, 감수성, 겸손, 경이감, 경배, 신중함을 요구한다.

　기술에 대한 이 새로운 접근방식은 지배력을 추구해서 생긴 파괴적인 현실을 신중하게 밝혀내고 펼쳐내려는 노력으로 특징지어질 것이다. 기독교와 개혁적 이슬람교는, 서로 매우 다를지라도, 창세기 2장에 나오는 살아 있는 동산 도시의 관점을 소중히 여긴다. 이 관점에서 환경과 자연을 적절하게 돌볼 것이고, 따라서 지구에 있는 생명의 보전과 복지가 물질적 번영보다 더 중요해질 것이다.

　삶과 사랑이 기본 범주가 되는 문화의 새로운 틀은, 위임에 따라 **정의**를 강화하기 위해 힘쓰고, 하나님이 세우신 **창조의 초주관적이고 규범적인 경계**를 존중하려 노력한다. 이렇게 함으로써 문화적 긴장을 줄이고, 균형 잡히고 지속 가능하며 평화롭고 풍성하게 다양한 발전을 구가할 수 있게 된다. 절제하는 태도는 서양 문화 자체에서뿐 아니라 이슬람 문화와 관련해서도 문화적 긴장과 위협을 줄이는 데 도움이 될 것이다. 개혁적 이슬람교는 그 윤리적 우선순위를 보았을 때 그런 문화적 전향에 참여할 수 있을 것이다.

　이로 인해 생기는 중요한 결과 중 하나는 다음과 같다. 만약 급진적이고 폭력적인 무슬림이 이 시나리오에 동참하지 않는다면, 그들은 정치적으로 고립되고, 금융자금·보조금·무기를 포함한 과학·기술·경제·문화의 힘을 차지하지 못하도록 금지당해야 할 것이다.

나는 이렇게 구체적인 방식으로 새로운 패러다임을 따르면 더욱 지속 가능하고, 정의롭고, 건강하고, 평화로운 세계화 발전이 가능하다고 믿는다.

6 물질주의적 문화의 변혁, 기술[1]

우리 시대의 그리스도인들 사이에서 기독교 신앙과 과학의 관계, 신앙과 경제 발전의 관계에 대한 이야기는 많이 오간다. 그러나 기술에 대한 기독교 신앙의 중요성에 대한 관심은 훨씬 적다. 이것이 바로 우리 시대에 신앙과 기술에 대한 숙고가 필요한 이유다.

우리 시대는 많은 위기를 경험하고 있다. 재정적·경제적·생태적 위기, 에너지와 자원에 관련된 위기 등인데, 이들은 모두 근본적으로 도덕적 위기에서 비롯된다. 놀라운 사실은 이 위기를 분석하는 이들이 그 원인으로 (적절하게도 신자유주의) 경제 흐름의 부정적 결과들을 지목하지만, 기술이 경제 현실에 미친 영향이나, 기술이 그 문제들을 진단하고 해결책을 제시하는 데 있어 차지하는 중요성에는 거의 관심을 두지 않는다는 점이다. 이 영역에서 선택적인 맹목성이 지속되고 있는 듯하다.

문화적 권력으로서의 기술

사회의 모든 구성원들은 경제, 국가나 지역의 조직, 과학, 기술 같은 지배적인 문화 권력과 연관을 맺는다. 이 권력은 문화 안에서 역동성을 제공한다. 내 생각에 이런 권력의 근본에 기술이 있다. 기술이 없이는 이 권력들이 제 역할을 할 수 없기 때문이다.

기술이란 무엇인가?

기술은 인간 문화에 근본적인 것이고, 따라서 없어서는 안 되는 것이다. 우리가 인간 역사에 대해 말할 때 기술의 수준에 따라 시대와 기간을 말하곤 한다. 석기 시대, 청동기 시대, 원자력 시대, 컴퓨터 시대 등.

산업혁명 이후, 그리고 특별히 컴퓨터의 등장 이후 우리는 역사에서 완전히 새로운 시기에 접어들었다. 이때까지 우리는 집짓기, 청동주전자, 나막신, 수로 파기 같은 특정한 기술에 대해 이야기할 수 있었다. 이렇게 오래된 형태의 장인 기술은 여전히 그대로 남아 있고, 한 세대에서 다음 세대로 전해진다. 이런 형태의 기술은 다른 문화적 현상보다 높은 차원에 있다기보다는 사회 전반의 한 구성 요소였다. 오래된 기술들은 주어진 자연환경과 엮여 있었고(풍차를 생각해보라), 홍수처럼 자연이 초래하는 위협에 대처하기 위해 사용될 때도 그랬다.

산업혁명 이래, 특히 제2차 세계대전 이래 기술은 엄청나게 바뀌었다. 이제 과학이 훨씬 더 큰 영향력을 갖게 되었다. 과학의 기본 특징인 합리성과 보편성은 또한 기술의 특징이 되었다.

기술의 현대적 형태는 사회와 문화에 선명한 자국을 남겼다. 이 지점에서 해석이 요구된다. 현대 기술은 특정한 목표에 다다르기 위한 중립적인 수단으로 여겨지는 경우가 많다. 그러나 현대 기술은 수단이나 도구들의 집합 이상의 무엇이다. 우리는 "나는 내가 원하는 방식으로 컴퓨터와 자동차를 사용하고 있어"라고 말할 수 없다. 왜냐하면 자동차를 몰기 위해서는 기술적으로 완전히 구성된 환경이 있어야 하고, 컴퓨터를 사용하기 위해서는 기술적 네트워크가 필요하기 때문이다.

프랑스 문화철학자 자크 엘륄은 현대의 **기술 현상**Technological phenomenon(대문자 T를 썼다)에 대해 설득력 있게 서술했다(1980). 그는 대문자 T로 표현하는 '기술'은 서로 연결돼 있는 구분된 장치들의 총합을 말한다고 했다. 그것들은 전체, 시스템, 네트워크를 이룬다. 이것은 지금까지의 역사에서 기술에 속했던 것들과 전혀 다르다. 과거의 기술들은 별개의 현상이었고, 서로 구분되었으며, 문화적으로 주변에 있는 현상이었다. 이제 우리 시대에는 모든 것이 서로 연결되어 있고, 이 상호 연결된 기술적 장치들이 상호 작용하면서 작동한다. 이렇게 서로 연결된 시스템으로서의 현대 기술이 우리 문화의 정중앙에 있다.

상호 연결된 형태의 현대 기술은 모든 것에 자취를 남긴다. 문화철학에서 기술 문화와 기술 시대(모두 대문자 T를 쓴다)라는 말이 쓰이고, 그렇게 쓰이는 것이 맞다. 이 장의 마지막 부분에서 우리는 이 기술의 시스템이 경제와 조직화 시스템에 연결되는 방식과, 과학이 그 시스템들 사이를 논리적이고 기능적으로 연결하는 요소가 된다는 사실을 보게 될 것이다.

자율적 기술?

엘륄은 여기에 또 하나를 더한다. 그는 상호 연관된 시스템으로서의 기술이 자율적이고 완전히 독립적이라고 말한다. 이 말은, 사람들이 이 시스템에 기여하지만 사실은 거기 종속되어 있다는 뜻이다. 엘륄에 따르면, 기술 시스템이 수행하는 것은 완전히 결정되어 있으며 인간의 힘에 종속되지 않는다. 그는 이것을 부정적으로 해석했는데, 너무 강하게 이런 입장을 밀고 나간 나머지 현대 기술을 우리 사회의 최고 악으로 취급했다.

내 생각에 엘륄의 편향은 오해를 불러일으킬 뿐 아니라 위험하다. 왜냐하면 우리의 기술 시스템이 정말 완전히 결정되어 있거나 자율적이라면, 그것들은 그 자체로 멈출 수 없고 모든 삶을 찬탈하는 힘이 되었다는 의미이기 때문이다. 그 결과 많은 이들이 "네가 기술을 멈출 수는 없어"라는 말을 듣게 된다.

나는 이 견해가 비판받을 만하다고 본다. 기술(대문자 T를 쓰는)은 여전히 인간 노력의 산물이고, 인간은 자신의 행위에 대해 책임을 지지 않고서는 아무것도 할 수 없다. 만약 기술이 윤리적·도덕적으로 중립적이라면, 인간의 책임은 그 목표에 관한 것으로 한정될 것이다. 때때로 공학자들은 "우리 같은 공학자는 거짓말을 못해요. 그건 정치가나 경제학자가 하죠"(Dessauer, 1956) 식의 말로 자신들이 만든 것들에 대한 책임을 면하려 한다. 이런 식으로 다른 사람에게 떠넘기는 경우는 흔하다. 예를 들어, 원자력 에너지를 개발하는 데 종사한 공학자들이 그렇게 말했다. 그들의 주장은 그 결과에 대해서 자신들은 책임이 없고 정치가와 경제학자에게 책임이 있다는 것이다.

많은 이들이 기술 시스템을 '자율적'이라고 하는 이유는, 그 시스템이 점점 복잡해지고 지속적으로 팽창할 뿐 아니라, 그렇게 되는 속도가 점점 빨라지기 때문이다. 우리는 혁신의 확장이 빨라지는 것을 목도하고 있다. 많은 이들이 이런 상황에 기여하지만, 그들은 더 이상 전체적인 조망을 하지 못하고 지적으로나 윤리적으로나 그 빨라지는 정도를 따라잡지 못한다. 기술 시스템은 점점 사람들이 갇혀 있는 미로로 여겨지고 있다.

나는 우리 주변에서 일어나는 기술 발전이 확실히 자율적인 것 같은 인상을 준다고 본다. 그러나 사람은 여전히 시스템이 기능하는 방식에 개입할 수 있다. 그러니 때때로 당장 가능한 발전을 가속화하는 대신, 그 속도를 늦추고 인간적인 측면에 정의가 수립되도록 해야만 한다. 이는 인간이 자신들의 행위에 대해 계속 책임을 져야 한다는 말이다.

현대의 기술은 사실 책임을 명확히 규정하거나 그 개요를 작성하는 것이 장인 중심의 전통적 기술의 경우보다 더 어렵다. 서로 연결되어 있는 방대한 시스템의 기술인 경우, 일반적인 의미의 책임이 있을 뿐 개인의 책임은 없다. 일반적인 책임은 그 중요성이 점점 커지고 있지만 정의하기가 쉽지 않다. 또한 서로 다른 이데올로기가 부딪치기 때문에 공동의 윤리적 에토스를 경험하기 어려운 경우도 많다.

그러나 실제적인 문제가 아무리 크다 하더라도, 우리는 모든 기술과 우리 시대에 서로 연결된 거대한 시스템이 인간의 천재성과 디자인, 산업의 산물이며, 그렇기 때문에 인간이 개인적으로건 집단적으로건 그에 대해 명백한 최종 책임을 져야 한다고 말할 수 있다.

기술은 윤리적으로 중립적인가?

—

많은 이들이 기술과 기술 시스템이 윤리적으로 중립적이라는 입장을 취한다. 다시 말해, 기술이 좋은 목적이나 나쁜 목적을 위해 사용될 수 있지만 기술 자체가 좋거나 나쁜 것은 아니라는 것이다. 이런 견해는 암묵적인 지지를 받지만, 기술은 절대로 중립적이지 않다. 예를 들어, 원자재의 공급에 있어서 자연에 대한 기술의 영향력을 생각해보라. 인간의 자리도 기술에 의해 급진적으로 바뀌었다.

오래된 전통 기술의 장치들은 우리 손과 오감, 그리고 몸의 다른 부분을 확장한 것이라고 할 수 있다. 현대 기술은 매우 다르다. 인간은 기술에 종속을 강요당한다. 또한 어떤 것이 특정한 조건에서 합법적인지 여부를 묻는 윤리적 물음이 제기될 수 있다. 만약 경제적 발전이 문화나 사람들에게 해로운 영향을 미친다면 기술의 적용이 이런 종류의 해로운 경제적 발전을 가능하게 했는지 여부를 묻는 것이 정당화된다. 탐심은 경제적 동기와 연결되지만, 기술 시스템은 경제 발전의 기본 구조로서 온갖 미묘한 방법으로 탐심을 자극할 수 있다.

기술적 장치들은 언제나 문화의 담지자이거나 특정 문화에 묶여 있다. 문화가 **가치의존적**인 것처럼 기술도 그렇다. 기술은 세계관으로부터 분리될 수 없다. 세계관을 통해 사람들은 자신들을 이해하고, 자신들을 둘러싼 자연과 세계에 대한 개념을 갖게 된다. 하나님과 영적 세계에 대해서는 말할 것도 없다.

기술은 윤리적으로나 이데올로기적으로나 중립적이지 않다. 기술은 언제나 어떤 특정한 방식의 구체적인 적용을 수반하거나 암시하기 때문이다. 현대 기술 시스템에는 특정하게 정해진 방향, 혹은 그 방향으로만 진행하는 요소와 힘이 있다. 계몽주의의 영향으로 기술은 윤리적인 면에서 일방향으로 발전해왔다. 특정한 인간의 경향성이나 동기와 기술의 발전 사이에는 깊은 상관성이나 교류가 있다. 서양 문화에서 현대 기술이 발전한 것이 우연이 아니다. 서양 사람들은 특정한 가치나 규칙을 가지고 있는 것이 확실하다. 그 가치나 규칙들이 그들의 동기를 부추기고 깊은 필요를 충족시켰다. 과연 어떤 가치를 말하는 것인가?

기술을 어떻게 보는가?

내 박사논문인 《기술과 미래*Techniek en Toekomst*》(1972, 영어판은 2009)에서 나는 두 가지 지배적인 견해를 자세히 논하고 비판했다. 하나는 초월주의이고 다른 하나는 실증주의다. 초월주의의 흐름은 기술에 적대적인 비관주의를 가리키고, 두 번째 흐름은 기술의 유익을 믿는 낙관주의적 입장이다.

1980년대까지 이 두 견해가 기술에 대한 철학적 사유에서 가장 중요했다고 할 수 있다. 기술철학자들은 이때 **경험으로의 전환**

empirical turn을 이야기하면서 실용적인 측면으로 돌아섰다. 기술철학은 더 **기술**記述**적**이 되면서 기술 발전에 대해 판단이나 견해를 밝히지 않게 되었다. 경험으로의 전환을 주도한 철학자들은 특정한 문제에 대해 윤리적으로 접근할 때 기술의 실용적인 면, 즉 '사례'에 집중했다. 이 사례들은 총체적인 기술 발전에서 그들이 추출해낸 것이다.

사실 기술철학자들은 사소한 것에 집중하려는 유혹에 빠졌다. 기술적 적용의 특정 사례를 분석하는 것의 가치는 한정적이다. 예를 들어, 그런 연구는 특정한 상황에서 무엇이 잘되고 잘못되었는지를 우리에게 가르쳐준다. 이 철학자들은 구조나 규범적인 기술 일반의 발전에 대해서는 관심을 두지 않았다. 이것이 내가 이 흐름에 반대하는 이유다.

내가 보기에 기술 발전에는 일관성이 있다. 다시 말해서, '경험으로의 전환' 철학에는 기술 현상에 대한 통합적인 견해가 빠져 있다. 그런데 바로 이 통합적인 견해가 우리에게 필요하다. 그것이 미래의 기술에 대한 깊은 이해를 향해 나아갈 실행 가능하고 책임 있는 길을 제공하기 때문이다.

최근에 우리는 기술철학자들이 **경험으로의 전환 너머로** 가야 한다는 말을 하고 있다. 다행스럽게도, 공학자와 정치 영역을 포함한 사회 전반의 책임이 다시 논의의 대상이 되었다.

현대 문화에서 기술의 지배

―

정치적이고 사회적인 책임은 흔히 경제 분야에서의 발전과만 연결된다. 그럴 만한 이유가 있다. 돈의 힘이 경제를 지배하지만 놀랍게도 동시에 경제에 지장을 준다. 성경은 "돈을 사랑함이 일만 악의 근원"이라고 경고한다(딤전 6:10).

그러나 인간의 존재에서 돈과 연결되지 않은 가치가 더 있다는 것에는 의심의 여지가 없다. 이 지점에서 엘륄에게 배울 것이 있다. 그는 마르크스가 그의 사회 비판에서 자본 경제에 부여한 중요한 위치가 현대 기술 시스템의 현상에 직면한 우리 시대를 분석하는 데는 더 이상 적절하지 않다고 주장한다.

엘륄에 따르면(1979), 경제가 아니라 기술이 서양 문화 발전의 결정적인 요소 혹은 원동력이다. 나는 그 둘 모두가 **지속적인 상호 작용 속에서** 우리 문화를 결정짓는다고 말하겠다. 많은 사람들이 기술의 깊은 영향력에 대해 놀라울 정도로 모르고 있다는 점에 대해서는 나도 엘륄에게 동의한다.

엘륄은 자본이 기술을 자극하는 것이 아니라 기술이 자본을 지배한다고 설명한다. 다시 말해서, 과학에 의해 가능해진 현대 기술이 자본과 경제에 앞서가면서 그것을 구성한다는 것이다. 우리 시대의 대표적 사례는 **컴퓨터**다. 널리 퍼져 있고 상호 연결되어 있는 정보와 소통 시스템 말이다. 이런 과정은 계속해서 늘어나는 컴퓨터 기술의 가능성에 의해 강화된다. 이 기술적 적용들은 그 효과와 결과의 총합이다. 컴퓨터 기술의 적용은 경제와 환경에 지대한 영향을 미치는 결과들을 가져오고, 이는 우리 시대가 처한 위기의 주요 원인 중 하나다. 우리가 이 힘, 즉 기술적인 통제와 관리의 힘 혹은 경제적인 돈의 힘에 사로잡힐 때 우리는 기술 현상의 부정적인 영향이나 해로운 결과에 눈멀게 되는 것이다. 우리에게는 기술이 얼마나 기만적이 될 수 있는지를 알아차릴 적절한 안테나가 없고, 그래서 기술적 적용을 통해 이윤을 내는 것에 만족한다. 그러나 우리가 그 허상의 희생자가 되는 경우가 더 많다.

기술이 경제를 지배한다

＿

일반적으로 기술이 경제 발전의 기반을 형성한다고 할 수 있다. 기초로서의 기술이 없이는 현대 경제를 생각할 수 없고, 기술과 경제는 함께 긍정적인 것들을 생산해왔다. 그러나 그렇게 긍정적인 측면만 본다면, 우리는 그 상황의 반대 측면을 볼 수 없다.

첫 번째 예를 들어보자. 마르텐 스킨켈Maarten Schinkel은 2012년 1월 6일 네덜란드 일간지 〈NRC〉에 게재한 칼럼에서, 많은 문화적 위기의 분석에 맹점이 있다고 지적했다. 그에 따르면, 지금까지 문화에 대해 비판한 이들 중 아무도 기술이 초래하는, 전체적으로 처참한 영향에 대해 경고하지 않았다.[2] 스킨켈은 기술의 영향을 통해 그가 말하는 통화시장의 생태계가 근본적으로 바뀌었다는 점을 명확하게 보여준다. 연관된 복잡한 기술로 인해 우리는 더 이상 무엇이 일어나고 있는지를 정확하게 볼 수가 없다. 재앙적인 서브프라임 모기지 사태와 연결되어 있는 2008년의 은행 시스템 위기가 고삐 풀린 기술의 배신을 보여준 것인가?

컴퓨터에 의해 만들어진 '파생상품'이라 불리는 은행 상품들은 더 이상 투명하지 않다. 네덜란드 국립은행장 웰링크마저(그리고 그 곁에 있는 많은 이들도) 그 은행 상품들로 그들이 무엇을 팔았는지 정확하게 알지 못한다고 고백해야 했다. 기술은 그런 상품들의 실제 가치를 가려버렸다. 사람들은 그것들이 가치 있는 것이라고 생각했으나, 결과적으로 사실이 아님이 명확해지고 말았다. 기술로 인해 아무것도 없는 곳에서 돈이 만들어졌다고 말할 수 있을 것이다. 불가능이 가능해진 것이다.

스킨켈의 글은 돈의 가치, 그리고 그에 따라 경제 전체에 대한 기술의 위협이 얼마나 커질 수 있는지를 보여준다. 그는 국제적으로 연결된 전 세계적인 컴퓨터 시스템을 갖춰서 전 세계 금융시장에서 무슨 일이 일어나고 있는지를 이해할 수 있게 해야 한다고 제안한다.

그러나 바로 물음이 떠오른다. 스킨켈은 기술의 문제를 또 다른 기술적 해결책들로 해결하려는 것이 아닌가? 이는 "마귀로 마귀를 쫓아내기"를 바라는 것에 비견할 만하다. 한 국가나 유럽의 컴퓨터 시스템의 불투명성을 제거할 수 없는데, 국제적인 시스템이 더 잘될 것이라고 기대할 수 있을까? 스킨켈의 칼럼이 제기하는 예는 우리가 기술의 축복이라는 가면을 벗길 필요가 있음을 보여준다. 숨겨진 기술의 악한 이데올로기를 밝혀내야 한다.

내 말을 오해하지 마시기 바란다. 나는 은행 세계에서 컴퓨터 시스템을 몰아내야 한다고 주장하는 것이 아니다. 최소한 그런 시스템을 개발하는 사람들이 그것을 구축할 때 자신들이 어떤 기준을 사용하고 있는지를 이야기할 수 있어야 한다는 것이다. 그들은 자신들이 무엇을 하고 있으며, 자신들에게 어떤 책임이 있는지를 명확히 할 필요가 있다.

두 번째 사례. 유럽에서 일어난 최근의 위기를 해결할 방안을 찾는 과정에서 몇몇 유럽 국가들이 유럽연합에서 이탈하려는 움직임이 완전히 거부되었다. 그리스같이 경제적으로 병든 국가들은 유로화를 자신들의 본래 통화와 바꿀 수 없다. 유럽의 경제는 서로 너무 밀접하게 연결되어서 병든 구성원들을 나머지로부터 격리할 수가 없다. 이런 상호 의존성이 기술로 인해 만들어졌음은 자명하다. 그러나 그 상호 의존성을 바닥까지 꿰뚫어보거나 전체적으로 조망할 수 있는 사람은 아무도 없다.

세 번째 사례는 더 설득력이 있다. 마틴 포드Martin Ford는 자동화, 로봇, 미래 경제에 대한 그의 중요한 저서에서, 위기가 쌓이는 이 상황에서의 실업 문제를 다뤘다. 그는 다른 사람들처럼 이 위기들을 재정의 문제로 보지 않는다. 그는 미국 은행들의 재정 문제가 이 위기들의 최초 원인이었지만, 우리가 충분히 인지하지 못한 요소가 있으니, 바로 폭발적으로 증가한 기술이라고 주장한다.

이는 세계 전역에서 실업이 늘어나는 것을 보면 명백해진다. 정보 시스템, 나노기술, 3D프린터, 로봇, 지적인 컴퓨터 두뇌, 자율주행 자동차 등 가속화하는 기술에 의한 실업이 구조화되고 있는 것도 분명하다.

이런 위기에도 불구하고, 그리고 점증하는 실업에 직면해서도 기술을 통해 자동화되는 상품과 서비스는 계속 늘어나고 있다. 흔히 사람들이 주장하는 바와는 반대로, 이 현상은 후진국과 선진국 모두에서 일어나고 있다. 위기에 대한 재정적인 해결책만으로는 실업 문제를 해결할 수 없다. 우리는 점점 늘어나고 편만해지는 기술의 영향력에 좀 더 관심을 기울여야 한다. 사회가 항구적으로 제 기능을 못하게 되는 상황을 진정 막고 싶다면 말이다.[3]

위험에 눈을 가리다

지금까지 본 것처럼 현대 기술은 사회에 엄청난 변화를 초래한다. 정보와 소통, 유전자공학, 나노기술, 신경기술 등의 영역에서 일어나는 많은 기술적 적용과 다른 영역들이 연합하기 때문이다. 이들 신기술들은 경제와 연관되어 우리 시대에 일어나는 사회적 변화의 **가장 중요한** 결정 요소가 된다. 기술의 이런 사회적 역할이 바로 우리에게 큰 도전이 되는 것이다. 기술이 사회에 그렇게 중요하다면, 어떻게 21세기에 거대한 사회적 문제들을 해결하는 데 진정한 기여를 할 수 있는 방식으로 발전시킬 수 있을 것인가?

과거에 나는 개인적으로 경제가 사회적 발전의 진짜 중요하고 유일한 동력이라는 생각에 반대했다. 20세기와 21세기의 시작 사이에는 엄청난 차이가 있는데, 이는 명백히 새로운 기술의 출현 때문이다. 이들 기술적 변화는 이데올로기적, 사회적, 경제적, 그리고 정치적 변화들과 함께 20세기의 색깔을 바꿔놓았다. 그러나 나는 기독교인들이 표명하는 우리 문화에 대한 비판적인 시각에서조차 기술의 분열적인 영향에 대해 아무런 경고를 하지 않는데 점점 더 놀라게 된다. 사람들은 이제 경제의 실패를 모든 문제의 원인으로 보는 데 익숙해진 것이 분명하다. 사람들은 **보이지 않는 지점**blind spot을 만들어 기술이 어떻게 실제로 일어나고 있는 일들에 중요한 역할을 하는지를 보지 않게 되었다.

기술이 자율적이라거나 윤리적으로 중립적이라는 입장 때문에 사람들은 기술을 비판적으로 바라보지 않는 것이 맞다고 생각한다. 나아가 기술적 발달이 우리 삶의 속도를 너무 빠르게 하고 있기 때문에, 우리가 우리 시대의 도덕적 문제들을 알아차리고 공감하는 민감함을 갖기가 더 힘들어진다. 어떻게 하면 이렇게 **도덕적으로 눈먼 상태**moral blindness(Bauman, 2013)에서 고침을 받을 수 있을까? 어떻게 하면 진정한 사회적 경신을 독려할 수 있을까?

우리는 기술의 부정적인 측면이 긍정적인 측면을 가리고 있음을 직시해야 한다. 기술이 물질적 번영, 교육, 주거, 건강의 측면에서 엄청난 기여를 했다는 사실을 누가 부정하겠는가? 그러나 기술의 부정적인 영향도 우리가 경험하는 위기에서 분명하게 드러나고 있다. 이는 환경, 기후변화, 원자재의 부족, 사람들에게 충분한 음식을 공급하지 못하는 것, 원자력 에너지 등의 영역에서 그렇다. 기술의 복잡한 발전을 전체적으로 파악할 수 없다는 것이 상황을 더 어렵게 한다.

나아가 우리는 보건 문제, 사회적 응집력과 신뢰의 상실 등을 잊어서는 안 된다. 개인주의와 사회적 가치 및 규범의 상실이 현대 기술의 발흥과 동시에 일어나고 있기 때문이다.

사회학자이자 철학자인 울리히 벡Ulrich Beck은 (후기)산업화 사회의 주요 특징이 발달된 기술과 함께 재앙적 위험danger의 위험risk이 비약적으로 늘어난 것이라고 지적한다(1986). 나아가 '미리 예방적인 조치'를 취하려는 노력과 '지속 가능성'에 대한 관심이 만족스러운 변화를 일으키지 못했다고 주장한다(2007).

이런 상황의 근본 원인은 사람들이 그 부정적인 발전에도 불구하고 기술에 대해 계속 긍정적이고 피상적인 방식으로 생각하기 때문이다. 사람들이 기술 진보의 **신화**에 사로잡혀 있기 때문에 기술에 대한 모든 비판이 터부taboo가 되어버렸다.

비판이 **가해지면** 사람들은 거의 자동적으로 비판자가 기술 전체를 부정한다고 생각한다. 이것은 내가 개인적으로 많이 경험한 바다. 내가 기술을 하나님의 선물이며, 그의 창조와 연결된, 하나님이 주신 명령으로 본다는 점을 강조하는데도 그렇다.

반복되는 기술적 재난에 대한 논의들

—

매우 파괴적이고 심지어 종말적인 재난들이 우리 시대에 일어나 현대 기술의 주제넘음을 확연하게 보여주었다. 체르노빌과 후쿠시마의 원자력 재난, 멕시코 걸프만의 기름 유출, 몇 년 전에 일어난 인도 보팔의 화학공장 참사 등을 생각해보라. 상상할 수 없는 고통을 야기한 이런 끔찍한 대형 사고들은 서양 문화가 이끌어가고 있는 이 세상 전체에서 일어날 수 있는 일들을 보여준다. 이런 사고는 우리의 현재 문화에 본질적으로 속한 것들이다. 현대 기술에는 과거에는 없던 차원의 잠재적인 파괴성이 숨어 있다. 그러나 누가 이것을 지적하고 있는가?

우리는 더 이상 상황을 통제하지 못하고 있다. 우리는 더 큰 물질적 번영을 약속하고 새로운 형태의 즐거움을 주는 기술적 가능성에 너무 집착한 나머지, 그것들과 연동되어 있는 위험에는 마취된 것처럼 무감하다. 우리는 작은 기술적 발전들에 대해서는 통제하는 주인으로 남아 있는지도 모른다. 하지만 큰 규모의 기술들은 우리를 인질로 삼고 있다.

아인슈타인과 하이젠베르크같이 명민한 학자들이 현대 과학기술의 발전 방향에 대해 깊은 의구심을 표했다는 것은 놀라운 일이다. 아인슈타인은 '기술 사회의 퇴보'를 두려워했다. 하이젠베르크는 기술 문화를 장기적으로는 통제 밖으로 나가버릴 위험이 있는 초대형 유조선에 비유했다. 우리 중 다수가 그 느낌이 어떤 것인지 알지만, 어떻게 해야 할지를 모른다. 미래는 과연 어떻게 될 것인가?

무슨 일이 일어나고 있는가? 우리가 살고 있는 세계는 특별히 컴퓨터가 널리 사용되고, 컴퓨터가 다른 기술적 적용과 연결되기 시작하면서 완전히 **기술적인 세상**이 되었다. 현대 문화는 기술을 통해 구성되어왔다. 기술은 세계 역사의 지배적인 힘이 되었다. 기술 없이 우리는 전 지구적 경제를 갖지 못했을 것이다. 현실의 총체가 기술에 의해 점령당했고 모든 인간의 목표는 기술적 목표가 되었다.

계몽주의 이래로 기술의 진보가 물질적 번영과 자연스럽게 함께 갈 것이라는 의견이 지배적이었다. 기술은 한편으로는 인간의 산물이지만 그 반대도 사실이 되어가고 있다. 우리 인간은 점점 더 우리를 편만하게 둘러싸고 있는 기술에 적응하고 있다. 그 결과 우리는 무엇이 일어나고 있는지를 제대로 보지 못하고 엄청난 위험이 무엇인지도 보지 못한다. 기술 발전의 규범이 기술 그 자체가 되었다. 가능한 것은 무조건 실현되어야 한다는 사상이다.

독일 철학자 우르술라 메이어Ursula Meyer에 따르면(2006), 인간은 집 없는 사람이 되었다. 의미 있는 삶의 목적을 갖는 것에 대한 느낌을 잃었고, 도덕을 미로나 소용돌이처럼 여기게 되었다는 것이다. 게다가 이런 변화가 우리도 알아차리지 못하는 사이에 일어나고 있기 때문에 더욱 위험하다.

예를 하나 들어보자. 기술적 사고가 부추기는 행동 패턴은 삶을 그 실재보다 덜한 무엇으로 만듦으로써, 삶의 총체를 축소시킨다. 컴퓨터에 반영된 이런 기술적 사고 패턴은 무비판적인 사용자에게 영향을 미쳐서 이런 동일 패턴을 반복적으로 따르게 한다. 인간이 밤낮으로, 그리고 배타적으로 이런 상호 작용을 수행하게 되면, 그의 마음과 에너지는 기술에 그야말로 홀린 상태가 된다.

우리 시대는 '소셜미디어'의 시대다. 많은 사람들이 미디어를 통해 친구를 사귀지만 그 우정은 기술적 성격을 띤다. 페이스북에 있는 친구 중 진짜 필요할 때 진정한 우정을 발휘해줄 사람이 얼마나 되겠는가?[4] 이런 식으로 보면 소셜미디어는 역설적으로 매우 비사회적인 영향을 끼친다.

기술이 특정한 목표에 도달하기 위한 단순한 수단이 아니라는 것은 명백하다. 기술은 오래도록 영향을 미치는 비인격적이고 문화적인 힘이며, 그 영향력은 우리가 하는 모든 일과 우리의 존재에 뻗어 있다. 우리는 기술이 자동적으로 풍요를 생산해낸다고 주장할 수도 없다. 부정적인 영향은 자주 과소평가되고 제대로 보고되지 않기 때문이다. 기술 세상에서 스스로를 잃게 될 위험과 인간의 미래를 향한 위협은 실제적이다.

그렇다면 우리는 어떻게 이런 시나리오를 피할 수 있을까? 어떻게 그 위험과 위협, 혼란, 그리고 잠재적인 재난을 예방할 수 있을 것인가?

문화적 패러다임

기술의 역사를 볼 때, 우리는 그 발전의 동기와 가치, 그리고 규범을 유심히 살피곤 한다. 그러나 나는 과학과 경제의 관련이라는 측면에서 기술 발전의 연합과 일관성을 직접 해석하는 접근을 선호한다.

나는 서양 문화에서 일어난 **지배적인 문화 패러다임**을 발견하려 애썼고, 이 패러다임을 **다른 패러다임으로 바꿔야 한다**고 주장해왔다. 지난 몇 년 동안 내가 누누이 강조해온 것처럼, 문화가 발전하는 윤리적 틀로서 문화 패러다임의 전환이 필요하다.

우리 시대에 온갖 종류의 발전이 이루어지고 있다. '예방적 조치를 미리 취함'으로써 '지속 가능성'을 확보하려는 노력이나 '녹색경제'를 향한 노력을 생각해보라. 이것들은 모두 긍정적으로 평가할 만하다.

그러나 모든 것을 포괄하는 접근이 빠져 있다. 패러다임적 접근은 과거의 동기, 가치, 규범에 대한 통찰을 제공하고 미래에 꼭 필요한 근본적인 가치와 규범에 관심을 쏟게 한다. 여기서 우리는 윤리학의 영역으로 들어간다. 문화적 패러다임 전환이 무슨 의미인지 알게 되면, 우리는 진정 희망적인 미래를 위해 가져야 할 것에 대한 더 깊고 명확한 통찰을 얻게 된다.

기술적 문화 모델

데카르트 같은 '아버지'를 둔 근대 이래로 서양의 사고방식은 현실을 통제하고 관리하려는 기술적인 방식의 사고로 바뀌어왔다. 데카르트는 기술적인 합리성을 사용해 인간과 문화의 오래되었거나 새로운 문제들을 해결하려 했고, 그것을 통해 물질적 풍요를 이루려 했다. 데카르트는 기계의 법이 자연의 법과 동일하다고 했다. 다시 말해서, 자연은 기계적 메커니즘의 일부로 종속되는 것이다. 이를 위해 특별히 자연과학이 도구로 사용되었고, 모든 것을 인간에게 굴종시킬 수 있다는 주장이 제기되었다.

여기서 우리는, 데익스터 하윅스Dijksterhuis의 용어(1996)를 빌려 표현하자면, (서양) **세계관의 기계화**mechanizing of the worldview가 역사에 혁명적으로 등장하는 것을 본다. 데카르트는 "자연은, 우리가 충분히 가까이 보면, 시계나 자동 기계장치처럼 이해할 수 있는 기계"라고 말했다.

이런 사고방식의 결과는 자연이 수학적으로 계산되고 관리될 수 있다는 사상이다. 데카르트에게 인간은 '자연의 주인이며 지배자'였기 때문에, 인간은 자연을 통제하고 관리해 인간에게 굴종하게 할 수 있는 존재로 여겨졌다.

그래서 데카르트의 사고방식을 따라 서양 문화의 모든 것은, 수학과 자연과학에 의거해 무엇이 기술적으로 가능한지를 보는 렌즈를 통해 관찰된다. 계몽주의 이래 **문화의 모델**은 **기술적 모델**이

되었다. 새로운 기술적 적용들이 현실의 해석 모델로 받아들여졌다. 예를 들어, 기술적(컴퓨터) 모델이 경제와 우리가 앞서 살펴본 금융시장을 지배하게 되었다.

우리는 또한 기술적 사고와 현실에 대한 기술적 해석이 인간이 무엇인가에 대한 개념에도 명백하게 들어 있음을 보게 된다. 한 예로, 자주 언급되는 암스테르담대학의 신경학자 딕 스와브Dick Swaab의 인기 있는 연구 〈우리는 우리의 뇌다〉를 들 수 있다. 인간의 뇌는 우리가 하는 모든 것을 결정짓기 때문에 현대 정보소통 기술의 예에 따라 해석된다. 그런 개념화를 통하면 기술의 모델이 얼마나 추상적인지가 명백하게 드러나고, 그 모델을 모든 것에 적용하는 것이 현실의 일관성과 충만함에 얼마나 부적절한지가 드러난다. 이 모델은 현실을 축소해 여러 문제의 원인이 된다.

이런 식의 사고는 미래학자 레이 커즈와일이 인간의 뇌가 작업한 지식 전체를 컴퓨터에 다운로드하자고 제안한(2013) 데서도 드러난다. 커즈와일에 따르면, 인간 뇌의 작동을 다운로드한 다음에도 기계(컴퓨터)가 우리 뇌와 동일한 방식으로 기능할 것이기 때문에 우리는 영생에 이를 수 있다. 이것은 부드럽게 표현해도 기술적 가능성에 대한 과대망상이다. 컴퓨터라는 '죽은'(무기물인) 사물을 **영원한** 생명과 비교하는 것은 믿을 수 없는 실수이고 기술에 대한 완전히 잘못된 견해를 드러내 보이는 것이다.

이런 종류의 기술적 사고는 인간과 컴퓨터, 로봇, 나노기술 같은 초현대적인 기술 적용에 대한 대중적인 논의에서도 중요한 역할을 한다. '트랜스휴머니스트'들에 의해 주도되는 이 논의를 여기서는 다루지 않겠다. 그러나 한마디만 하자면, 인간과 가장 현대적인 기술적 적용 사이의 연결에 대한 기술적 사고들은 때때로 미래에는 인간과 기계 사이에 아무런 차이가 없어질 것이라고까지 말하곤 하는데, 이런 주장은 결과적으로 인간을 **책임 있는** 존재로 보지 않는 셈이 된다.

요약하자면, 기술적 패러다임은 서양 문화가 현실을 이해하고 지배하고 재편하는 것을 주도해왔고 지금도 주도하고 있다. 이 현실은 기술적으로 이해되고, 우리는 이 기술적 현실을 최첨단의 과학적·기술적 발견과 발명으로써 (이 생각에 따르면) 자연스러운 개선의 길로 끌고 갈 수 있는 존재로 여겨진다.

기술적 문화 모델의 환원론

이 발전 과정과 그 근본이 되는 개념들에 있어 우리는 기술적으로 완전히 해석되고 통제 가능한 **물적** 현실과 관계한다. 이 물질적 현실에서 인간은 왕이며 주인이고, 우리의 윤리는 효율성과 효과성을 주요 규범으로 하는 기술적인 윤리다. 인간에 대한 비전은 물질주의적 자기기만, 일종의 영적인 일식의 결과다. 이 견해는 우리가 인간으로서 하게 되는 행동의 가치와 규칙들을 무엇보다 기술적 가능성에서 도출한다. 사회학자이자 철학자인 바우만Zygmunt Bauman이 그의 최근 저서(2013)에서 '도덕적으로 눈먼 상태'라고 한 것이 바로 이런 상황이다. 이런 견해에 따르면, 윤리학과 도덕의 비전은 치명적이고 환원적으로 점점 좁아질 것이다.

최근 이렇게 좁아진 비전은 나노기술의 가능성에 대한 책에서 더욱 분명해졌다. 나노기술의 아버지 중 하나라 할 수 있는 드렉슬러K. Eric Drexler는 《급진적인 풍요, 어떻게 나노기술의 혁명이 문명을 바꿀 것인가》(2013)라는 책을 썼다. 그는 미래를 일종의 기술적 낙원으로 본다. 그는 자신의 현실 개념의 환원주의가 갖는 영향에 대해 전혀 신경을 쓰지 않고 악과 전쟁의 현실도 무시한다.

기독교적이고 성경적인 관점에서 볼 때, 앞에서 간단히 소개한 사례들에서 우리는 **엄청난** 실재의 환원주의를 본다. 우선 기술적 세계관에는 신적이고 초월적인 현실이 없다. 즉각적인 현실은 기술적 세계관의 세계로 환원된다. 기술적 세계관은 평평하게 되어버린 물질적 현실을 포함하는데, 여기에는 모든 신적인 비밀이 제거되어 있다. 그래서 자연은 이제 우리가 개선할 수 있는 기술적 현실이 되었다.

마르크스는 이미 자연은 그 자체로 의미도 목적도 없으며, 우리가 기술적 적용을 통해 의미와 목적을 전달하게 했다고 주장했다. 그래서 신이 없는 세상은 완전히 기술적이고 통제 가능한 물질적 현실로 환원된다. 이 과정에서 인류는 스스로 주인의 자리를 가로채고 자신의 기술적인 의지와 힘을 윤리적 지침으로 삼는다.

놀라운 것은 인류와 그 문화가 우리가 만든 것의 희생자가 되어가고 있다는 점이다. 생명은 모든 측면에서 위협을 받고 있다. 경제적 이익이라는 동기를 가지고 현실에 기술적으로만 접근하는 것이 재앙적일 수 있다는 사실은 멕시코만에서 일어난 가장 큰 원유 유출 사고에서 잘 드러난다.

마콘도 유정의 굴착시설인 디프워터 호라이즌의 시추공에서 폭발이 일어났고, 시설 전체가 화재로 인해 침몰했다. 인명도 손실되었지만, 이후 석 달 동안 멕시코만의 해양 생태계가 위협을 받고 상당 부분 파괴되었다. 네덜란드의 국토 면적 정도 되는 지역이 원유로 완전히 오염되었다. 새로운 폭풍이 올 때마다 원유가 해저에서 밖으로 흘러나왔고, 오염이 오랫동안 지속된 것은 불가피한 결과였다. 지역의 어업과 관광산업은 무기한 중단되었다. 그 피해를 복구하기 위해서 500억 달러가 필요했고, 그럼에도 그 지역의 미래는 불확실하다. 그 사고 이후 유전자가 변형된 새우와 게들이 발견되었다. 기술적 문화 모델의 지배는 **치명적이다.**[5]

기술 문화 모델의 변혁

성경적 문화 모델, 바람직한 문화 패러다임으로서의 동산

오래된 문화 패러다임에서 자연은 생명이 없이 **죽은** 무기물로 취급되었다. 그리고 그 틀에서 자연은 제한 없는 조작의 착취에 시달렸다. 그렇기 때문에 지금까지 자연, 환경, 식물, 동물, 그리고 지금은 인류 자체에까지 기술적 패러다임을 적용해 '기계 모델'이라 부르는 기술적 관점으로 보게 되었다. 그러나 **이제** 문화적 유형을 구성하는 데 있어 **생명을 보호**하고, 그것을 우리의 모든 생각과 활동을 주도하는 관점으로 만들 때가 되었다. 과학과 기술적 적용, 그리고 경제가 **생명**을 이런저런 방식으로 파괴하지 못하게 해야 한다. 대신 그것들이 생명을 섬기는 방식으로 이용되어야 한다. 이런 시각에서 작동하는 기술과 경제가 그 목표를 더 잘 성취할 수 있다.

현실에 대한 기독교적 입장은 창조주이자 보존자이신 하나님에 대한 믿음에서 비롯된다. 우리가 **창조된** 현실에 살고 있다고 인정하는 것이다. 우주에 있는 모든 것은 하나님으로부터 나와 하나님을 통하며 하나님을 향해 있다. 인간은 하나님의 형상이고, 하나님과 이웃을 향한 **사랑**은 우리가 책임을 수행하는 핵심 원리다. 미래는 하나님의 미래, 즉 하나님나라다. 최초의 타락 때문에 우리는 훼손되고 찢어진 현실에 살고 있다. 그러나 하나님이 그리스도를 통해 자신의 나라를 세울 때 이 모든 것이 사라질 순간이 온다. 그것이 끝없이 넓고 깊은 하나님의 영광으로 가득 찬 영광스러운 하나님나라다. 거기서 그 나라의 시민들은 영원한 조화와 감사 속에 살게 될 것이다.

이것에 대해 깊게 생각하면, 그리스도인들이 이런 기독교의 비전에 담긴 함의를 거의 실현하지 못하고 있다는 사실에 놀라게 된다. 아마도 우리는 지금까지 계몽주의 사상에 우리가 생각하는 것보다 더 많은 영향을 받아왔는지도 모르겠다. 이제 하나님의 말씀에 따라 과거의 계몽주의에서 벗어나는 새로운 계몽주의가 필요하다.

이 기독교적이고 성경적인 역사관은 우리의 기술적 모델과는 완전히 다른 문화 모델이다. 기술적 모델은 **추상적**이고, **죽음**이라는 특징을 지닌다. 놀라울 것도 없이, 이 모델을 대대적으로 따르는 것은 현실의 환원주의와 엄청난 문제들, 궁극적으로는 치명적인 위협으로 이끌어왔다. 이 모델은 생명의 현실성이나 그 현실의 충만함, 일관성, 구체성에 아무런 관심도 기울이지 않는다.

생명의 실체를 바라보는 문화 모델에 관심을 기울이게 되면, 기술은 비로소 적절한 위치에 서게 되고 기술에 의해 발생하는 재난들이 줄어들 것이다. 나는 '발전하는 동산'이라는 오래된 성경적 문화 모델이 내가 나열한 요구들을 충족시킨다고 믿는다. 그렇게 되면 역사는 펼쳐지는 동산(창 2장)으로서의 낙원에서 미래의 동산 도시(계 21장)로 나아가게 될 것이다. 죄로의 타락 때문에 이 관점은 엄청나게 왜곡되었다. '가시와 엉겅퀴' 그리고 '죽음'이 인간 역사의 특징이 되었다. 그러나 이 동산의 비전은 하나님의 역사에 대한 계획에 포함되어 엄청나고도 시사적인 통찰을 우리에게 제공해준다. 그리스도의 십자가와 부활을 통해 다가올 하나님 나라에 대한 희망찬 관점이 다시 생겨난다. 역사의 끝에 그리스도 안에서 문화의 모든 것이 우리의 지평 너머 있는 동산 도시로 나타날 것이다.

이와 같은 역사의 목적과 의미를 받아들이면, 인간의 사고는 지배를 위한 사고가 아닌 감사하는 사고가 될 것이고, 그것을 통해 능동적으로 섬기기를 구하게 될 것이다. 이것이 기술의 새로운 방향이다. 이 접근을 통해 우주론적·인류학적·윤리적 환원주의와 작금의 물질주의적 문화의 약점들이 드러나고 잠정적으로 극복될 것이다.

동산의 발전에서 **생명**이 중심 자리를 차지한다. 우리가 처한 현실에서는 여전히 남아 있는 고집스러운 한계들에도 불구하고 말이다. 과거와 현재의 기술은 인류, 동물, 식물의 생명을 **섬기라**고 부름 받는다. 동산에 있는 생명의 형상은 위협받지 않고 풍성해지며, 진정한 정의가 도래하고 갈등은 줄어든다. 그리하여 사회적 응집력과 완전성, 평화가 촉진된다.

물질문화의 변혁

생명과 살아 있는 모든 것을 **섬기는** 기술은 공학자뿐 아니라 우리 시대에 기술과 지속적으로 그리고 집중적으로 관계를 맺는 정치가와 경제학자의 모토가 되어야 한다. 그리하여 늘어나는 경제적 문제와 연관된 혁신에 대한 요구는 다음의 물음으로 평가되어야 한다. **이 혁신은 무엇을 위한 것인가?** 혁신을 위한 혁신은 문화 발전의 기술적 모델을 확증하는 것을 의미할 뿐이다.

나는 이런 일이 나노기술에서 일어나는 것을 본다. 앞에서 언급한 드렉슬러의 책(2013)과 디아만디스의 책(2012)을 보라. 나노기술을 주어진 것으로 보는 것은 적절한 우선순위를 뒤집는 것이다. 나노기술은 확실히 전망이 있어 보이지만, 무엇을 위해 사용되어야 할 것인가? 동산의 문화 모델을 가지고 혁신을 평가하고 나노기술의 가능성을 평가하는 것은 특정 기술이 어떻게 생명을 섬길 것인가에 대한 핵심 물음을 제기한다.

왜 좋은 개혁이 그렇게 어려운가? 첫째, 깊이 뿌리박힌 역사적 패턴의 결과 때문이다. 우리 시대의 서양적 사고는 무엇보다 기술적 사고다. 이것을 배경으로 과학, 기술, 경제, 조직의 문화 권력이 거대한 복합체를 이뤘다. 다른 문화 영역에 대한 도구적 과학의 지배적인 영향을 통해 이 복합체는 **추상적인** 과학적 성격을 띤다. 그것은 진짜 삶의 구체성을 결여하고, 근본적이고 절대적인 사실로 인식되는 풍성하고 일관된 현실에 대한 인식이 없다. 지배적인 물질주의의 기본 관점이 오랜 시간 많은 이들의 근본적이고 종교적인 태도가 되어 작동하기 때문에, 모든 관심이 그 복합체의 힘, 즉 물질적인 이익에 배타적으로 쏠리게 된다. 사실 그 복합체는 많은 물질적 풍요를 가져왔고, 부분적으로는 권력의 경제적인 집중의 영향으로 전 세계적인 시스템으로 발전해왔다.

그러나 우리 시대를 특징짓는 위기와 위협의 증가로 그 이면의 약점도 점점 더 명확해졌다. 우리가 직면한 문제들을 이 기존의 기술적 복합체로 해결하려고 한다면, 우리는 이 복합체의 10퍼센트 정도만 장기적으로 지속 가능하다는 것을 알게 될 것이다.

만약 우리가 이 복합체를 **살아 있는 모든 것을 섬기는 도구**로 사용한다면, 문화 권력의 추상적인 복합체는 더 이상 그 자체로 존재하는 세상으로 보이지 않을 것이다. 그 문화 권력은 창조된 현실의 풍성함, 그 깊은 내면적 결속과의 관련성 안으로 들어와야 한다. 그러면 그 현실의 풍성함 속에서 우리는 물질적 풍요의 축복뿐 아니라, 그것이 인간과 환경에 미친 파괴적인 영향도 보게 될 것이다. **도구적 합리성**은 섬김의 합리성으로 변혁되어야 한다. 기술에서는 쌓아올리고 짓는 데 쏟는 만큼의 관심이 유지하고 돌보는 데에도 쏟아부어져야 한다. 경제에서는 효과성과 효율성의 규칙에 따라 생산성을 높이는 데만 신경을 쓸 것이 아니라, 살고 일하는 인간 세계를 건강하게 돌볼 방안을 찾는 데도 신경을 써야 한다.

기술적 문화 모델에 반대되는 새로운 성경적 문화 모델로부터 우리는 장기적인 안목을 얻게 된다. 현실은 더 이상 기술적 조작의 대상이 아니라, 하나님의 창조와 선물로 주어진 것으로 드러나서 감사와 사랑으로 받는 것이 된다. 우리는 이 세계의 소유자에 대해 경외감을 갖도록 부름 받았고 그와 함께 수용함, 단정함, 겸손, 경이, 존경, 사려 깊음을 갖도록 부름 받았다. 살아 있는 현실을 지배하는 것이 아니라, 그 많은 색깔과 다양성을 존중하는 마음을 가지고 세계적인 인류 공동체를 사랑하도록 부름 받았다는 것을 알면, 기술 발전을 다른 방식으로 바라보게 된다. 현실을 지배함으로써 파괴하는 것이 아니라, 그것을 열고 드러내는 것이 기술의 목표가 되어야 한다.

창조를 펼쳐내는 기독교적 관점은 살아 있는 동산 도시의 관점을 제공한다. 우리가 직면한 위협과 문제들은 가시적인 한계 내에서 제기될 수 있을 것이다. 우리는 서양 문화 안에서뿐 아니라 다른 문화와의 관계에서 생기는 문화적 갈등과 위협을 줄일 수 있다. 더 지속 가능하고 정의로운 세계화의 발전이 가능할 것이고, 세계적인 문제와 위협도 줄어들 것이다. 이렇게 하면 기술적 낙원이 도래하지 않을 것은 분명하다. 그러나 하나님의 도우심으로 진정한 진보가 이루어질 것이다.

이 동산의 모델을 따르는 것은 기존의 기술을 없애는 것이 아니다. 기술적 발전과 혁신의 모든 가능성이 하나님의 창조에 더해진다. 그것은 창조가 타락으로 인해 심한 왜곡에 시달리고 있는 지금도 그러하다. 그것이 바로 우리가 지금 여러 방식으로 듣게 되는 지속 가능성으로의 부름을 귀하게 여겨야 하는 이유다. 비기독교인 저자가 지속 가능성을 외친다 해도 마찬가지다. 사실 비기독교인들이 지속 가능성을 먼저 강조하는 경우도 많다. 여기서 우리는 기술 문화로 인해 폐허가 된 상황에서도 하나님의 은총을 본다. 하나님은 자신의 피조물을 향한 돌봄과 사랑 속에서 인류라는 배가 잠재적으로 치명적인 방향으로 마구 나가지 못하도록 막으신다.

더 나아가, 지속 가능성의 개념은 고립되어 이해할 것이 아니라 새로운 문화 모델에 의해 지속적으로 그 의미가 확장되고 깊어져야 한다.

인간의 창의성과 다차원적인 책임에 근거해 공학자들은 모든 살아 있는 것들을 섬기고 보호하고 풍요롭게 하고 강화하는 데 힘쓸 것을 요청받는다. 동산의 모델에 따라 개발되는 기술적 적용은 지상계명인 하나님의 사랑과 궤를 같이해야 한다. 이것은 다시 문화적 가치, 사회적 가치(연대, 공동의 이익, 정의, 사람의 내적 가치에 대한 인정, 돌봄, 구호), 생태적 가치, 정치적 가치, 경제적 가치 등을 제대로 인식하는 것을 포함한다. 그래서 우리는 물질적 가치보다 얼마나 많은 것들을 인정해야 하는지 알게 된다. 이것은 정의의 요구 그 자체다. 이런 문화적 회복은 우리 시대의 위기를 해결하기 시작하려는 열망과 희망을 그 안에 포함한다.

기술은 그래서, 네덜란드 트벤테대학의 철학자 브레이Breg가 아름답게 표현한 대로(2008), **가치를 가진 모든 것**을 정의롭게 대해야 한다. 이것은 삶의 가장 작은 곳에서 시작된다. 점점 커지고 퍼져나가는 작은 동심원을 생각해보자. 우리 시대에 세계는 최후의 큰 원이 되었다. 그래서 전 세계적으로 모든 생명을 위협하는 기후변화나 원자재의 위기 같은 문제에 관심을 가져야만 한다.

기술에 대한 비판은 신자유주의 경제에 대한 비판을 강화한다

이 장의 초반에서 나는 오늘날의 문화 비판이 경제적 질서의 비판에 배타적으로 쏠려 있음을 지적했다. 나는 그 비판에 동조한다. 그러나 거기에 기술 세계에 대한 비판이 더해져야 한다. 신자유주의에 대한 비판으로 잘 알려진 하우츠바르트Goudzwaard, 그라프란트Graafland, 용어네일Jongeneel 같은 학자들의 견해는, 기술로 인해 생겨나는 힘도 우리 경제에서 돈이 차지하는 힘처럼 전복되어야 한다는 사실이 함께 고려된다면 더 강해지고 더 도전적이며 더 성공적이 될 것이다.

우리 경제의 '죽은' 기술적 컴퓨터 모델은 성경적 동산의 모델과 합쳐져야 한다. 그래야 경제가 살아 있는 모든 것과 손상당할 수 있는 것들을 섬길 수 있게 된다. 정의와 자비가 자연과 환경을 보살피고 사회적·인간적 자본을 성장시키는 주요 동기가 되어야 한다. 하우츠바르트가 제안한(2009, 그리고 다른 책들) 건강한 세계와 세계에 건강을 부여하는 보살핌에도 관심을 가져야 한다. 이때의 세계는 우리가 살고 일하는 인간 세계 전체를 말한다. 내 견해로는 기술에 새로운 방향성을 부여하는 것은 하우츠바르트가 선호하는 **포괄적 접근에 필연적으로** 연결되어 있다.

발전하고 있는 동산의 이미지는 '오이코노모스'의 원래 의미와 분명하게 연결되어 있다. 보살피고, 소중히 여기고, 지키고, 보호하고, 유지하는 것은 땅을 경작하고 추수하고 생산하는 것과 함께 가는 것이다. 우리가 보아야 하는 것은 지금처럼 늘어나는 생산 규모와 속도가 아니라, 인간이 하나님의 다른 피조물과 파트너가 될 수 있도록 하는 규모와 속도를 지향하는 동산의 새로운 패러다임이다. 이 동산의 이미지 속에서 자연이 질 수 있는 부담의 한계가 존중된다. 동산의 열매를 유익하게 사용하는 방법은 우리가 좀 더 **지속 가능한** 문화 발전을 이루기 위해 노력해야 한다는 것을 의미한다.

라테나우연구소의 최근 연구에서 완전히 유기적인 경제를 지지하는 올바른 제안이 제기되었다.[6] 그 다음 단계는 '지속 가능성'을 더 잘 정의하는 것이어야 한다. 지속 가능성은 단지 미래 세대의 필요를 충족할 수 있도록 보장하는 것에 그쳐서는 안 된다. 그것은 식물과 동물의 영역을 지키고 보호할 필요와도 연결되어 있다. 이는 지혜와 신중한 청지기 정신을 요구한다. 그러면 예를 들어 음식을 위한 작물 대신 바이오 연료를 생산하는 것을 금지할 수 있게 될 것이다. 진정한 지속 가능성은 삶의 리듬, 유기적인 것들의 리듬이 갖는 주기를 반영해야 한다. 이는 문화를 배제하는 것이 아니라 완전하게 포함한다. 기술과 자연의 관계는 기술의 지배를 통한 착취의 관계가 되면 안 된다. 기술과 자연은 **협조적인** 방식으로 조화롭게 함께 가야 한다.

이런 방식을 따르면 현재 세계화의 발전 과정에서 지속적으로 일어나는 불의에 대항하는 정의의 측면을 더 강조하게 될 것이다. 지속 가능성은 동산의 비유에서 작동할 때 가능하다. 기술이 경제와 **함께** 더 이상 조작과 착취, 오염을 초래하지 않고, 세계은행의 경제학자 허먼 데일리가 말한 것처럼, 세계가 비옥함과 생산 능력을 유지하고 심지어 더 늘리고 그 풍부함과 생산물을 현재와 미래의 모든 사람들과 나누게 된다면 말이다.

책임 있는 문화적 발전은 하나님이 우리에게 주신 '자본의 이익'에 따라 살고, 그 자본이 손상되거나 소비되지 않게 하는 것이다. 이것은 사실 인간을 돌보는 자와 청지기로 보는 입장의 핵심 개념이다. 우리는 지속 가능성에 대한 현재의 긴급한 요구에 응하는 것으로, 또 경제가 '사람, 지구, 이익'을 순서대로 추구해야 한다는 생각을 지지하는 것에서 시작할 수 있다. 나아가 '요람에서 요람으로'의 원칙을 지키는 청지기 정신이 산업에 필수적이다. 이는 버리는 문화에서 원재료를 재활용하는 문화로의 대체를 의미하기 때문이다. 이런 사례들은 이미 많은 부분에서 실재에 적용되었는데, 이는 감사하게도 오래되고 여전히 지배적인 패러다임에서 이 새롭고도 꼭 필요한 패러다임으로의 변화를 우리가 이미 보고 있다는 증거다.

정치와 기술

－

회복과 변화로의 접근은 정치의 영역에서도 요구된다. 나는 여기에 대해 많은 말을 할 수 있지만, 여기서는 네덜란드의 국민총

생산GNP 같은 지표와 과거의 기술적 적용 패러다임을 현저하게 대변하는 사회경제위원회social economic board, SER의 보고서를 살펴보는 것으로 만족하려 한다. 이들은 기술적 사고에 전적으로 좌우된다. 그 평가와 보고서를 당장 없앨 필요는 없다. 그러나 그것들에 더해 다른 이슈들에 초점을 맞추는 새로운 지표와 기관들이 있으면 좋을 것이다.

　SER에 더해서는 사회자문위원회social council가 있으면 매우 유익할 것이다. 여기에는 공동의 책임과 이익에 기반해 고용주와 피고용자뿐 아니라 환경단체와 개발 및 안전 단체들이 참여할 수 있을 것이다. 현재의 기술적·경제적 발전에 대한 지표인 GNP에 더해서는, 더 현실적인 '복지지표'가 대안으로 꼭 요구된다. 그런 새로운 지표들을 통해 발전의 기술적·생태적·경제적 측면뿐 아니라 정책의 문화적·사회적·인간적 영향도 평가되고 해석될 수 있을 것이다. 그러나 그런 지표는 양적으로 측정하고 평가하기가 어렵기 때문에, 먼저 국가 지속 가능 지표부터 수립해 GNP와 함께 사용하면 좋을 것이다.

　정치 영역에서 해야 할 것이 더 있다. 우리 사회의 모든 일이 경제적 발전에 의해 좌우된다는 생각은 널리 퍼진 오해다. 오늘날 모든 경제적이고 재정적인 활동의 이면과 저변에는 기술이 그 기본 구조로 자리 잡고 있기 때문이다. 이 기술 시스템이 꿋꿋하게 버티면서 경제나 금융 정책을 바꾸는 데 상당할 정도로 저항하게 마련이다. 현재의 경제적 발전은 일방적으로 신자유주의의 기존 접근에 따라 진행된다. 이것이 바뀌어야 한다.

시민의 삶과 사회적 관계에 봉사하는 데 집중하는 새롭고 적절하고 적합한 기술적 기본 구조를 발전시키기 위해서는 정치적 노력이 필요하다. 또한 금융위기와 은행의 위기를 타개하기 위한 정치적 노력은 기술이 인간의 가치를 지향할 때 성공할 수 있다. 그래서 투명하고 공적으로 접근 가능한 컴퓨터 프로그램이 국제 금융과 유럽 금융의 자본 이동에 사용되어야 한다. 이는 통제할 수 없고, 그래서 언제나 사기와 기만을 가능하게 하는 금융 권력의 집중을 막기 위해 필요하다.

만약 자동차가 우리 마을이나 도시에서 시속 40킬로미터 이상으로 달리지 못하게 함으로써 안전을 보장하려 한다고 해보자. 그런데 현대 기술을 이용해 바로 이 마을과 도시들을 통과하는 4차선 고속도로 건설을 허용한다면, 속도 제한은 시속 40킬로미터보다 훨씬 높게 정해지고 안전한 교통을 확보하려는 정책은 사실상 포기될 것이다. 이렇게 하는 대신, 우리는 안전한 교통을 확보하기 위해 그 길들의 모양과 너비를 조정하거나, 필요하다면 과속방지턱을 설치해야 한다. 안전한 교통정책을 더 효과적으로 만드는 적절하고 적합한 기술적 조치들이 취해져야 한다.

기술은 파괴하거나 억압하는 것이 아니라 입증할 수 있는 방식으로 섬겨야 한다. 다행스럽게도, 우리는 이미 희망적인 변화를 경험하고 있다. '사회적 기업social business enterprise'에 더 많은 관심이 모아지고 있다. 자연의 착취와 오염을 줄이자는 요구도 있고,

바이오산업을 줄이고 생태적이고 유기적인 농업을 하자는 운동도 일어나고 있다. 기후변화에 대처하려는 움직임도 커지고, 녹색에너지와 지속 가능한 에너지의 개발도 이어지고 있다. 이는 정치에서 눈에 띄게 변화의 움직임이 있다는 것과 오래된 문화 모델이 새로운 모델로 바뀌고 있다는 것을 보여준다.

새로운 공학자

대학에서의 다른 기술 연구와 관련해 새로운 문화 패러다임이 갖는 중요성은 무엇인가? 베테랑 토목공학자로서 나는 기술이 섬김의 역할을 보여준 완성된 프로젝트의 좋은 예를 제시할 수 있다.

하나는 네덜란드 제일란트 서쪽 해안에 쌓은 오스터스헬데댐이다. 이 댐은 폭풍이 불 때가 아니면 바다로 열어둘 수 있게 만들어서 제방 안에 물이 갇혀 죽은 바다가 되는 것을 방지한다. 자연환경과 스헬데강 및 강어귀의 생물다양성이 의도적으로 선택된 건축 기술의 사용을 통해 건강하게 유지되고 있다.

또 다른 예는 스웨덴 스톡홀름 인근의 생태도시다. 그 부근에는 모든 자동차가 지하에 주차되고 도시를 떠날 때는 터널을 이용한다. 이 도시 근교는 동산 도시가 작은 규모로 실현될 수 있음을 보여주는 좋은 예다.

네덜란드 델프트도 빼놓을 수 없다. 50년 전 델프트 중심을 가로지르는 거대한 철교 고가가 세워졌을 때 나는 이 역사적 도시에 볼썽사나운 건축물이 생기는 것에 반대하는 이들에게 전적으로 동의하면서, 이 아름다운 도시를 살 만한 곳으로 만들기 위해 지하 터널을 만들자고 제안했다. 그때는 성공하지 못했지만, 다행스럽게도 현재 터널이 마침내 만들어지고 있다.

물론 50년 전에 비하면 지금 터널을 만드는 공사는 훨씬 더 많은 돈이 든다. 하지만 그것은 진짜 문제가 아니다. 아직껏 지배적인 현대 기술 모델에 따라 일하다 보면 우리는 너무 싸게 일을 해치울 수 있기 때문에 해로운 결과를 얻는 경우도 많다. 처음에 돈을 적게 들이고 문제를 해결하면 나중에 훨씬 더 큰 비용으로 대가를 치르게 된다. 반면 처음부터 돈을 많이 쓰면 장기적으로는 더 경제적이 된다.

또 다른 구체적인 예도 있다. 나는 많은 사람들이 바다에 풍력 발전소를 세워 전기를 생산하는 것에 반대하는 데 놀란다. 반대의 이유는 수평선을 훼손한다는 것인데, 어느 정도는 사실일 것이다. 하지만 왜 전 국토에 자동차를 주차해서 한때 아름다웠던 도시와 마을을 훼손하는 것에 대해서는 그 정도로 반대를 하지 않는가? 왜 모든 차들을 지하에 주차하도록 해야 한다고 요구하지 않는가?

사실 모든 공학자는 더 살 만한 세상을 만드는 데 도움이 될 수 있도록 자신의 영역에서 탁월하고 창의적이어야 한다. 우리는 다양성을 더 증진하고 획일성을 줄여야 한다.

나는 다시 이 장의 처음에 제시했던 예, 즉 거대 은행과 그들의 전횡을 지적하려 한다. 이 은행들은 우리 사회에 분명히 필요하지만, 그 규모 면에서 작아져야 하고, 더 적은 수의 은행원으로 운영되어야 한다.

거대 프로젝트는 일반적으로 책임 있는 인간의 문화적 삶을 증진하는 기준을 충족하지 못한다. 기독교인 철학자 슈마허의 사상은 여전히 유효하다. 그는 1970년대 에너지 위기 때 작은 규모의 프로젝트를 주장했다. 《작은 것이 아름답다》(1973)와 《놀란 이들을 위한 가이드》(1977) 같은 책들은, 새로운 세대의 모든 공학자들에게 내가 제안한 성경적 문화 모델을 확신을 가지고 즐겁게 따라가도록 자극을 줄 수 있다. 오늘에 맞는 방식으로 말이다. 여기서 우리는 우리의 창조된, 그러나 왜곡된 현실에 대한 희망적 관점을 찾는다.

주註

1 인간과 기술: 도전적인 역사

1. Daniel Dennett, 〈트라우〉 2014년 1월 12일자.
2. 〈NRC〉 2014년 4월 11일자 19쪽.
3. Wiener, 1964, p.64.
4. 〈NRC〉 2013년 4월 20일자.
5. 〈브레이 네덜란드Vrij Nederland〉 2014년 5월 19일자에 나온 카럴 페이터스Carel
   Peeters의 기사 참고.

2 현대 기술: 이론 및 세계관

1. 네덜란드 위트레흐트Utrecht에서 1996년 학생들의 모임인Civitas Studiosorum
   in Fundamento Reformato에서 했던 강연 내용을 편집한 것이다.
2. 저자는 1983~2011년 네덜란드 상원의원으로 봉직해 이 분야에 가장 직접적인
   경험을 가지고 있다.—옮긴이

3 신앙, 과학 및 기술: 갈등전선의 이동

1. 2002년 네덜란드 에인트호번의 개혁주의 학생협회에서 했던 강연 내용을 수정
   했다.

4 기술적 세계관으로부터의 해방: 새로운 종류의 윤리

1. 델프트공대 고별연설(2002. 5. 15.)을 편집했다.
2. 윤리와기술위원회, *Deeladvies 1: Onderwijs*, Delft University of Technology, 1994. 6.
3. *De Forumrol van de KNAW inzake ethische aspecten van wetenschappelijk onderzoek*, Amsterdam, 1994.
4. *Onderwijs in Techniek en Ethiek*, report of the Governing Committee Technical Application and Ethics, 1999. 2.
5. Werner Heisenberg, *Das Maturbild der heutigen Physik*, p.22. / Hugo Staudinger, *Geschichte kristischen Denkens*, Christiana-Verlage, Stein an Rhein, 2000, p.191-192에 언급됨.
6. Peter Kroes and Anthonie Meijers(eds.), *The Empirical Turn in the Philosophy of Technology*, Vol. 20. / *Research in Philosophy of Technology*, Jai Press, Amsterdam e.a., 2001을 보라.
7. 이것은 '책임'이 모두에게 동일한 의미와 형식을 갖는다는 주장이 아니다. 다른 형식의 책임들이 있다. 실질적·기능적·집단적·개인적·전문적인 책임 등. J. O. Koenen, *Ethics and Technology*, TU Delft: 2001, pp.12-22도 참고하라.
8. E. Schuurman, *Faith and Hope in Technology*, Toronto: Clements, 2003, p.193-200을 보라.

5 이슬람 기술 비판의 도전

1. 와거니건Wageningen 대학의 고별 연설, 2007. 9. 20.
2. 여러 무슬림과 기독교 학자들이 이 강연에 대해 비판적인 논의를 했다. H. Jochemsen & J. van der Stoep(eds.), *Different Cultures, One World: Dialogue between Christians and Muslims about Globalizing Technology*, Amsterdam: Rozenberg, 2010.

1. 델프트공대의 학생단체 Civitas Studiosorum Reformatorum에서 한 특강을 보완한 것이다.
2. 스킨켈은 기술이라는 용어를 '기술적 적용의 과학'이라는 의미로 사용한다. 그러나 나는 현재의 용법을 용인하고 맥락에 따라 두 가지 의미 모두로 사용하려고 한다.
3. 이런 사실들은 정치적인 정책과 관련해 매우 중요하다. '최상위 영역'을 골라내는 정책을 통해 네덜란드 정부는 작금의 위기를 기술과 경제적인 대책으로 타계하려고 노력해왔다. 정치인들은 재정 문제와 싸우기 위해 경제를 성장시키고자 한다. 그러나 그런 노력이 성공하더라도 실업은 계속 늘어날 개연성이 크다. 물론 기술 전문가나 고등교육을 받은 사람은 좀 덜할지 모르지만, 학교 중퇴자나 저학력자들은 로봇이나 자율주행자동차 같은 새로운 기술 발전 때문에 직업을 찾기가 어려울 것이다. 옷감공장에서 일하는 사람이나 택시운전사, 그리고 계산대에서 일하는 사람들을 생각해보라. 화이트칼라 직종에서도 없어지는 일자리가 생길 것이다. 텔레마케터, 보험설계사, 세무사 등도 실업의 공포에 시달리게 될 것이다. 과거에는 새 기술이 없애는 직업보다 만들어내는 직업이 더 많았다. 이제 그런 기대를 하기는 훨씬 어려워졌다. 오늘날의 기술들은 경제의 한두 영역에서의 개선이 아니라 경제 영역 거의 모두를 아우르는 개선의 물결을 예고하고 있는 데다, 그 변화가 엄청나게 빠른 속도로 일어나서, 새로운 직업을 만들어내거나 사람들을 재교육할 시간도 없기 때문이다. 일하는 중산층이 빠른 속도로 사라지고 있다. 그러나 정부는 이 문제를 미래에 대한 대책의 가장 중요한 우선순위에 두고 있지 않다. 이 문제에 대해 좀 더 알아보려면 Martin Ford, http://econfuture.wordpress.com.2010/04/06/did-advancing-technology-contribute-to-the-financial-crisis?을 보라.
4. 이 문제와 관련해서는 셰리 터클Sherry Turkle의 책 *Alone Together*을 보라.
5. 〈NRC〉, 2013. 2. 25, pp.24-25.
6. Rathenau Institutions, *Naar de kern van de bio-economie*, Den Haag, 2011.

1 인간과 기술: 도전적인 역사

Brynjolfsson, Erik and McAfee, Andrew(2014), *The Second Machine Age*, Cambridge, Mass.: MIT Press.

Chaline, Eric(2012), *Fifty Machines that Changed the Course of History*, Hove, England: Quid Publishing.

Chorost, Michael(2011), *World Wide Mind: The Coming Integration of Humanity, Machines, and the Internet*, New York: Free Press.

Cusveller, Bart, Verkerk, Maarten, De Vries, Marc J.(2007), *De Matrix Code: science fiction als spiegel van de technologische cultuur*, Amsterdam: Buijten & Schipperheijn.

Dessauer, Friedrich(1956), *Streit um die Technik*, Frankfurt: Knecht.

Diamendis, Peter H., and Kotler, Steven(2012), *Abundance: The Future is Better than You Think*, New York: Free Press.

Drexler, K. Eric(2013), *Radical Abundance: How a revolution in nanotechnology will change civilization*, New York: Public Affairs.

Van Est, Rinie, with Rerimassie, Virgil, Van Keulen, Ira, and Dorren, Gaston(2014), *Intieme technologie: de slag om ons lichaam en gedrag*, Den Haag: Rathenau Institute.

Gehlen, Arnold(1961), *Anthropologische Ansicht der Technik*, Düsseldorf: Verlag Schilling.

Habermas, Jürgen(2003), *The Future of Human Nature*, Cambridge: Polity Press.

Haraway, Donna A.(1991), *Cyborg Manifesto*, New York: Routledge.

Joy, Bill(2000), "Why the future doesn't need us," in *Wired Magazine*, April, 2000 edition.

Kapp, Ernst(1877), *Grundlinien einer Philosophie der Technik*, Braunschweig: George Westermann.

Kurzweil, Ray(2013), *How to Create a Mind*, New York: Penguin.

De Mul, Jos(2002), *Cyberspace Odyssee*, Kampen: Klement.

De Mul, Jos(2014), *Kunstmatig van Nature: Onderweg naar Homo Sapiens 3.0*, Rotterdam: Filosofie van de Maand/Lemniscaat.

Mutschler, Hans-Dieter(1999), "Technik als Religionsersatz," in *Scheidewege*: Jahresschrift für skeptisches Denken, Vol. 28(1998-99), p.1-22.

Oomen, Palmyre M.F., "Vragen over mens, techniek, natuur en God: Filosofische en theologische overwegingen bij nanotechnologie," in *Nanotechnologie*: Betekenis, beloftes en dilemma's, Nijmegen: Valkhof Pers, p.143-175.

Ouweneel, Willem J.(1986), *Proeve van een christelijk-wijsgerige anthropologie*, Amsterdam: Buijten & Schipperheijn.

Spengler, Oswald(1931), *Der Mensch und die Technik*, München: Beck.

Schuurman, Egbert(2009), *Technology and the Future: A Philosophical Challenge*, Grand Rapids: Paideia Press.

Schuurman, Egbert(2004), *Geloven in Wetenschap en Techniek*, Amsterdam: Buijten & Schipperheijn.

Schuurman, Egbert(2014), "Transformatie van de materialistische maatschappij", in *Radix*, Nr. 1, p.41-53.

Sloterdijk, Peter(1999), *Regeln für den Menschenpark: Ein Antwortschreiben zu Heideggers Brief über den Humanismus*, Frankfurt am Main: Suhrkamp.

Steinbuch, Karl(1965), *Automat und Mensch*, Berlin: Springer Verlag.

Steinbuch, Karl(1968), *Falsch Programmiert*, Stuttgart: Deutsche Verlagsanstalt.

Verbeek, Peter-Paul(2009), *De grens van de mens: Over techniek, ethiek, en de menselijke natuur*, Inaugural lecture, University of Twente.

Verbeek, Peter-Paul(2014), *Op de vleugels van Icarus: Hoe techniek en moraal met elkaar meebewegen*, Rotterdam: Lemniscaat.

Warwick, Kevin(2004), *Cyborg, Champaigne*, Illinois: University of Illinois Press.

Wiener, Norbert(1964), *God and Golem, Inc.: A Comment on Certain Points where Cybernetics Impinges on Religion*, Cambridge, Mass.: MIT Press.

Swaab, Dick F.(2010), *We zijn ons brein*, Amsterdam: Atlas Contact.

Turing, Alan M.(1950), "Computing Machinery and Intelligence," in *Mind*, Vol. 49, p.433-460.

Turkle, Sherry(2011), *Alone Together: Why We Expect More from Technology and Less from Each Other*, New York: Basic Books.

IJsselstein, Wijnand A.(2013), *Psychology 2.0: Towards a New Science of Mind and Technology, Inaugural lecture*, Eindhoven: University of Technology.

2 현대 기술: 이론 및 세계관

Corbey, R and Van der Grijp, P.(1990), *Natuur en cultuur: beschouwingen op het raakvlak van antropologie en filosofie*, Baarn: Ten Have.

Ellul, Jacques(1980), *The Technological System*, New York.

Ihde, Don(1985), "The historical-ontological priority of technology over science," in: L. Hickman, *Philosophy, Technology and Human Affairs*, Texas.

Kuyper, Abraham(1911), *Pro Rege, deel 1*, Kampen: Kok.

Schumacher, Ernst F.(1973), *Hou het klein*, Baarn: Ten Have.

Schumacher, Ernst F.(1977), *Gids voor Verdoolden*, Baarn: Ten Have.

Schuurman, Egbert(1985), *Tussen technische overmacht en menselijke onmacht*, Kampen: Kok.

Schuurman, Egbert(1989), *Het Technische Paradijs*, Kampen: Kok.

Schuurman, Egbert(1990), *Filosofie van de Technische Wetenschappen*, Leiden: Martinus Nijhoff.

Strijbos, Sytse(1988), *Het Technische Wereldbeeld*, Amsterdam: Buijten & Schipperheijn.

Tillich, Paul(1985), *The Spiritual Situation in Our Technical Society*, New York.

3 신앙, 과학 및 기술: 갈등전선의 이동

Van den Beukel, Arie(1990), *De dingen hebben hun geheim. Gedachten over natuurkunde, mens en God*, Baarn: Ten Have.

Schuurman, Egbert(1985), *Tussen technische overmacht en menselijke onmacht—*

Verantwoordelijkheid in een technische maatschappij, Kampen: Kok.

Schuurman, Egbert(2003), *Faith and Hope in Technology*, Toronto: Clements Publishing.

4 기술적 세계관으로부터의 해방: 새로운 종류의 윤리

Barbour, Ian(1993), *Ethics in an Age of Technology*, San Francisco: Harper.

Davidse, Jan(1999), *Het is vol wonderen om u heen—Gedachten over techniek, cultuur en religie*, Zoetermeer: Meinema.

Doorman, Joop, *Onderwijs in Techniek en Ethiek*, Bestuurscommissie Techniek en Ethiek, Technische Universiteit Eindhoven.

Durbin, Paul(ed.)(1987, *Technology and Responsibility—Society for Philosophy and Technology*, Dordrecht: Reidel.

Hastedt, Heiner(1991, *Aufklärung und Technik—Grundprobleme einer Ethik der Technik*, Frankfurt am Main: Suhrkamp.

Howe, Günther(1971), *Gott und die Technik. Die Verantwortung der Christenheit für die technisch-wissenschaftliche Welt*, Hamburg: Furche.

Houston, Graham(1998), *Virtual Morality—Christian Ethics in the Computer Age*, Leicester: Apollos/IVP.

Jochemsen, Henk(ed.)(2000), *Toetsen en Begrenzen—Een ethische en politieke beoordeling van de modern biotechnologie*. ChristenUnie, Amsterdam: Buijten & Schipperheijn.

Jonas, Hans(1984), *The Imperative of Responsibility. In Search of an Ethics for the Technological Age*, Chicago: Chicago Press.

KNAW(1994), *De Forumrol van de KNAW inzake ethische aspecten van wetenschappelijk onderzoek*. Commissie Wetenschap en Ethiek,Amsterdam.

Kranzberg, Melvin(ed.)(1980), *Ethics in an Age of Pervasive Technology*, Colorado: Westview Press/Boulder.

Kroes, Peter(1998), *Zin en onzin van ethiekonderwijs voor ingenieurs*, Lecture at Delft Technical University.

Kroesen, J.O.(2001), *Ethics and Technology*, lectures at Delft University of

Technology.

Mead, Margaret, and Polanyi, Michael, et al, 1986, *Christians in a Technological Era*, New York: Seabury.

Mitcham, Carl(ed.)(1989), *Ethics and Technology—Research in Philosophy and Technology*, vol. 9, London: Jai Press.

Mitcham, Carl(ed.)(1998), *Technology, Ethics and Culture—Research in Philosophy*, vol. 17, London: Jai Press.

Noble, David(1997), *The Religion of Technology—The Divinity of Man and the Spirit of Invention*, New York: Alfred Knopf.

Rohrmoser, Günter(1996), *Landwirtschaft in der Ökologie-und Kulturkrise*, *Gesellschaft für Kulturwissenschaft*, Bietigheim/Baden.

Schumacher, Ernst F.(1973), *Small is beautiful*, London: Blond & Briggers.

Schumacher, Ernst F.(1977), *A Guide for the perplexed*, London: Jonathan Cape, Ltd.

Schuurman, Egbert(1972), *Technology and the Future—a Philosophical Challenge*, Toronto: Wedge.

Schuurman, Egbert(1990), *Perspective on Technology and Culture*, Sioux Center, U.S.A.:Dordt Press / Potcheftstroom: Institute for Reformational Studies.

Schuurman, Egbert(2002), *Faith, Hope and Technology*, England: Piquant Press.

Sloterdijk, Peter(2000), *Regels voor het Mensenpark*, Meppel: Boom.

Staudinger, Peter(2000), *Geschichte kritischen Denkens*, Stein am Rhein: Christiana Verlag.

Strijsbos, Sytse(1998), *Het Technische Wereldbeeld—een wijsgerig onderzoek van het systeemdenken*, Amsterdam: Buijten & Schipperheijn.

Sweet, William(1998), *Religious belief and the influence of Technology*, pp.249-67 in Mitcham(ed.), *Research in Philosophy and Technology*, London: Jai Press.

Tillich, Paul(1986), *The Spiritual Situation in Our Technical Society*, New York: Scribner.

Vries, Marc, J. de(2001), *The Postmodern Technological Society: a Critical Perspective*, unpublished lecture, Potchefstroom.

Vandenburg, William H.(2000), *The Labyrinth of Technology*, Toronto: University of Toronto Press.

Wal, Koo van der(1996), *De Omkering van de Wereld—Achtegronden van de milieucrisis en het zinloosheidsbesef*, Baarn: Ambo.

Wauzinsky, Robert A.(2001), *Discerning Prometheus—The Cry for Wisdom in Our Technological Society*, London: Associated University Press.

Zandvoort, Henk, et al.(2000), *Ethiek en Techniek*, syllabus, Delft University of Technology.

5 이슬람 기술 비판의 도전

Al-Ansari, Abd Al-Hamid(2007), *The Root of Terrorism is the Culture of Hate*, www. memri.org/bin/opener_latest,cgi?ID=SD162507.

Barbour, Ian(1990), *Religion in an age of science*, San Francisco: Harper.

Bawer, Bruce(2007), *While Europe slept*, New York: Broadway Books Van Bommel / Abdulwahid(2002), "Islamitisch wijsgerig denken," in *Cultuurfilosofie*, p.295-340, edited by Edith Brugmans, Open Universiteit Nederland, Budel: Damon.

Buruma, Ian and Margalit, Avishai(2004), *Occidentalism*, New York: Penguin.

Daiber, Hans, "Die Technik im Islam," in: *Stöklein, Ansgar und Rassem, in Mohammed, Technik und Religion*, Düsseldorf: VDI Verlag, p.102-117.

Dooyeweerd, Herman(1959), *Vernieuwing en bezinning-Om het reformatorisch Grondmotief*, Zutphen: J.B. van den Brink & Co.

Foltz, Richard C., Denny, Frederick M. and Baharuddin, Azizan(eds.)(2003), *Islam and Ecology—A Bestowed Trust*, Cambridge, Massachusetts: Harvard University Press.

Gray, John(2007), *Black Mass: apocalyptic religion and the death of Utopia*, New York: Farrar, Straus & Giroux.

Habermas, Jürgen(2005), *Zwischen Naturalismus und Religion*, Frankfurt am Main: Suhrkamp Verlag.

Al-Hassan, Ahmad Y.(2001), "Factors behind the Decline of Islamic Science after the Sixteenth Century," Epilogue to Science and Technology in Islam, Part II, UNESCO.

Hittinger, Russel(1995), "Christopher Dawson's Insights: Can a Culture Survive the Loss of Religious Roots?" in: Christianity and Western Civilization. Ft. Collins, CO: Ignatius Press.

Hoodbhoy, Pervez(2007), "Science and the Islamic World—The Quest for rapprochement," p.49-55, in *Physics Today*, August.

Huntington, Samuel(1996), *The Clash of Civilizations and the Remaking of World Order*, New York: Simon & Schuster.

Iqbal, Mohammad(1971), *The Reconstruction of Religious Thought in Islam*, Lahore: Shaikl Muhammad Ashraf.

Koningsveld, Herman(2006), *Het verschijnsel wetenschap*, Boom: Amsterdam.

Küng, Hans, Weltethos für Weltpolitik und Weltwirtschaft, *Wissenschaftliche buchgesellschaft Darmstadt*, München: Piper Verlag GmbH.

Kuhn, Thomas S., *The Structure of Scientific Revolutions*, Chicago: University of Chicago Press.

Newman, Jay(1997), *Religion and Technology—A Study in the Philosophy of Culture*, London: Praeger.

Noble, David F.(1997), *The Religion of Technology—The Divinity of Man and the Spirit of Invention*, New York: Alfred A. Knopf.

Opschoor, Hans, J.B.(2007), "Wealth of Nations or a 'Common Future': Religion-based Responses to Unsustainability and Globalisation", p.247-281, in: Klein Goldewijk, Berma, ed., *Religion: International Relations and Development Cooperation*, Wageningen: Academic Publishers.

Petruccioli, Attilio(2003), "Nature in Islamic Urbanism: The Garden in Practice and in Metaphor", in Richard C. Foltz, Frederick M. Denny and Azizan Baharuddin(eds.), *Islam and Ecology: A Bestowed Trust*, p.499-511, Cambridge, Massachusetts: Harvard University Press.

Qutb, Sayyid(1990), *Milestones*, Indianapolis: American Trust.

Rohrmoser, Günter(2006), *Islam—die unverstandene Herausforderung—Kurz kommentar*, Bietigheim: Gesellschaft für Kulturwissenschaft.

Sadri, Mahmoud and Sadri, Ahmad(eds.)(2000), *Reason, Freedom & Democracy in Islam—Essential Writings of Abdolkarim Soroush*, Oxford University Press.

Salam, Mohammed Abdus(1983), *Science and Technology in the Islamic World*, Keynote Address delivered at the Science and Technology Conference, Islamabad.

Schuurman, Egbert(1973), 1980(2nd ed.), "De spanning tussen technocratie en revolutie", 1973, in: *Techniek: middel of Moloch*, Kampen: Kok.

Schuurman, Egbert(2003)(Vriend, John, translator), *Faith and Hope in Technology*, Toronto: Clements Publishing.

Schuurman, Egbert(2005), *The Technological World Picture and an Ethics of Responsibility*, Sioux Center: Dordt College Press.

Simons, Petrus(2007), *Tilling the Good Earth—The Impact of Technicism and Economism on Agriculture*, Potchefstroom, South Africa: North-West University Press.

Soroush, Abdolkarim(2000), *Reason, Freedom, and Democracy in Islam*, Oxford University Press.

Soroush, Abdolkarim(2004), Ethics and Ethical Critiques, www.drsoroush.com/en/category/interviews/.

Soroush, Abdolkarim(2007), Dialogue of Cultures instead of Dialogue of Civilizations, www.drsoroush.com/en/.

Stöcklein, Ansgar and Rassem, Mohammed(publishers)(1999), *Technik und religion*, Düsseldorf: VDI Verlag.

Swearengen, Jack Clayton(2007), *Beyond Paradise—Technology and the Kingdom of God*, Oregon: Wipf & Stock Publishers.

Van der Wal, Koo and Goudzwaard, Bob(eds.)(2006), *Van grenzen weten— Aanzetten tot een nieuw denken over duurzaamheid*, Budel: Uitgeverij Damon.

Willems, Rein, et al., December(2006). Pleidooi voor een kabinet met een mondiale visie op natuur en klimaatbehoud, Open Brief aan de leiders van de politieke partijen in de Tweede Kamer der Staten Generaal, Den Haag.

Waskow, Arthur, I.(1968), Creating the Future in the Present, in: *Futurist*, Vol. 2, nr. 4 / WWR(Wetenschappelijke Raad voor het Regeringsbeleid)(2006), *Dynamiek in islamitisch activisme—Aanknopingspunten voor democratisering en mensenrechten*, Amsterdam University Press.

Zayd, N. Abu(2006), *Reformation of Islamic Thought: A Critical Historical Analysis*, WRR-verkenningen, nr. 10.

Bauman, Zygmunt(2013). *Moral Blindness: The loss of sensitivity in liquid modernity*. Cambridge: Polity Press.

Beck, Ulrich(1986), *Risikogesellschaft*, Frankfurt: Suhrkamp Verlag.

Beck, Ulrich(2007), *Weltrisikogesellschaft: Auf der Suche nach der verlorenen Sicherheit*, Frankfurt: Suhrkamp Verlag.

Brey, Philip, A.E.(2008), *Techniek en alles wat van waarde is*, University of Twente.

Dessauer, Friedrich(1956), *Streit um die Technik*, Frankfurt: Knecht.

Diamendis, Peter H. and Kotler, Steven(2012), *Abundance: The future is better than you think*, New York: Free Press.

Drexler, K. Eric(2013), *Radical Abundance: How a revolution in nanotechnology will change civilization*, New York: Public Affairs.

Dijksterhuis, Eduard J.(orig. ed. 1950), *De mechanisering van het wereldbeeld*, Amsterdam: Meulenhof.

Ellul, Jacques(1980), *The Technological System*, New York: Continuum Press.

Ford, Martin(2010), *The Lights in the Tunnel: Automation, Accelerating, Technology, and the Economy of the Future*, U.S.A.: Acculant Publishing.

Goudzwaard, Bob(2009), *Wegen van hoop in tijden van crisis*, Amsterdam: Buijten & Schipperheijn.

Kurzwell, Ray(2012), *How to Create a Mind*, New York: Penguin Books.

Meijer, Ursula I.(2006), *Der Philosophische Blick auf die Technik*, Berlin: ein-FACH-verlag.

Schumacher, Ernst F.(1973), *Small Is Beautiful: A Study of Economics As If People*, London: Blond and Briggs; (1977), *A Guide to the Perplexed*, New York: Harper; (1980), *Good Work*(with Peter N. Gillingham), New York: Harper Collins.

Swaab, Dick F.(2013), *We zijn ons brein*, Amsterdam: Atlas Contact.

Turkle, Sherry(2011), *Alone Together: Why We Expect More from Technology and Less from Each Other*, New York: Basic Books.

추천하는 참고문헌

Barbour, Ian(1990), *Religion in an Age of Science*, San Francisco: Harper.

Beck, Heinrich(1979), *Kulturphilosophie der Technik*, Trier: H. Blumenberg.

Ellul, Jacques(1965), *The Technological Society*, New York: Knopf.

Ellul, Jacques(1990), *The Technological Bluff*, Geoffrey W. Bromiley, trans., Grand Rapids: Eerdmans.

Gray, John(2007), *Black Mass: apocalyptic religion and the death of Utopia*, New York: Farrar, Straus, and Giroux.

Habermas, Jürgen(2005), *Zwischen Naturalismus und Religion*, Frankfurt: Suhrkamp Verlag.

Hittinger, Russell, (1995), "Christopher Dawson's Insights: Can a Culture Survive the Loss of its Religious Roots?" in *Christianity and Western Civilization*, Ft. Collins, Colorado: Ignatius Press.

Massink, Henk(2013), *Blijvend Thuis op Aarde*, Delft: Eburon.

Newman, Jay(1997), *Religion and Technology: A Study in the Philosophy of Culture*, Westport, Conn.: Praeger.

Noble, David F., *The Religion of Technology: The Divinity of Man and the Spirit of Invention*, New York: Knopf.

Opschoor, Hans B.(2007), "Wealth of Nations or a 'common Future': Religion-based Responses to Unsustainability and Globalisation", in Klein Goldewijk, B. ed., *Religion, International Relations and Development Cooperation*, Wageningen: Academic Publishers, pp.247-281.

Ratzinger, Joseph(2007), *Values in a Time of Upheaval*, New York: Crossroads Publishing.

Schuurman, Derek C.(2013), *Shaping a Digital World: Faith, Culture, and Computer Technology*, Downers Grove, Illinois: InterVarsity Press.

Schuurman, Egbert(2003), *Faith and Hope in Technology*, Toronto: Clements Publishing.

Schuurman, Egbert(2002), *Bevrijding van het Technische Wereldbeeld: Uitdaging tot een andere ethiek*, Concluding Lecture, Delft University of Technology.

Schuurman, Egbert(2007), *The technological World Picture and an Ethics of Responsibility*, Sioux Center, Iowa: Dordt College Press.

Simons, Petrus(2007), *Tilling the Good Earth: The Impact of Technicism and Economism on Agriculture*, Potchefstroom: North West University Press.

Stöcklein, Ansgar und Rassem, Mohammed, eds.(1990), *Technik und Religion*, Düsseldorf: VDI Verlag.

Swearingen, Jack Clayton(2007), *Beyond Paradise: Technology and the Kingdom of God*, Eugene, Oregon: Wipf and Stock.

Van der Wal, Koo en Goudzwaard, Bob(2006), *Van grenzen weten: Aanzetten tot een nieuw denken over duurzaamheid*, Budel: Uitgeverij Damon.

Van der Walt, Bennie J.(2007), *Transforming Power: Challenging Contemporary Secular Society*, Potchefstroom: Institute for Contemporary Christianity in Africa.

Verkerk, Maarten, Hoogland, Jan, Van der Stoep, Jan, De Vries, Marc J.(2007), *Denken, ontwerpen, maken: Basisboek Techniekfilosofie*, amsterdam/Meppel: Buijten & Schipperheijn en Uitgeverij Boom.

기술의 불안한 미래 – 엇갈린 전망과 기독교적 대안

에그버트 스휴르만 지음

2019년 10월 21일 초판 1쇄 발행

펴낸이 김도완
등록 제406-2017-000014호(2017년 2월 1일)
전화 031-955-3183
전자우편 viator@homoviator.co.kr

펴낸곳 비아토르
주소 경기도 파주시 문발로 197 102호(우편번호 10881)
팩스 031-955-3187

편집 이숙
제작 제이오

디자인 즐거운생활
인쇄 (주)민언프린텍
제본 (주)정문바인텍

ISBN 979-11-88255-47-4 03230

저작권자 ⓒ 에그버트 스휴르만, 2019

이 도서의 국립중앙도서관 출판예정도서목록(CIP)은 서지정보유통지원시스템 홈페이지(http://seoji.nl.go.kr)와 공동목록시스템(http://www.nl.go.kr/kolisnet)에서 이용하실 수 있습니다.(CIP제어번호: CIP2019038663)